TRAS UNA VENDA

HISTORIA DE UNA ADOLESCENTE

MALTRATADA

ExLibric

M. J. REINA

TRAS UNA VENDA

HISTORIA DE UNA ADOLESCENTE

MALTRATADA

EXLIBRIC

ANTEQUERA 2022

TRAS UNA VENDA. HISTORIA DE UNA ADOLESCENTE MALTRATADA
© M. J. Reina
Diseño de portada: Dpto. de Diseño Gráfico Exlibric

Iª edición

© ExLibric, 2022.

Editado por: ExLibric
c/ Cueva de Viera, 2, Local 3
Centro Negocios CADI
29200 Antequera (Málaga)
Teléfono: 952 70 60 04
Fax: 952 84 55 03
Correo electrónico: exlibric@exlibric.com
Internet: www.exlibric.com

ISBN: 978-84-19269-79-9
Depósito Legal: MA 1137-2022

Nota de la editorial: ExLibric pertenece a Innovación y Cualificación S. L.

M. J. REINA

TRAS UNA VENDA

HISTORIA DE UNA ADOLESCENTE

MALTRATADA

A mi madre,
la que ha estado en todos los momentos
importantes de mi vida, buenos y malos.

Y a mi abuela,
que falleció el 29 de marzo de 2022,
a la cual no me dio tiempo de enseñarle
a «su tercer bisnieto» (este libro).

Prólogo

Quiero que sepáis que en este libro escribo todo lo que me sucedió durante siete años de mi vida, incluida una relación con violencia machista, tanto psicológica como física, de tres años de duración.

El mayor y principal motivo por el que me decidí a compartir mi experiencia con todos vosotros, lectores, es animaros a salir de esa situación sin problemas, tanto si habéis pasado por algo igual o similar como si lo estáis pasando en este momento. Soy la primera que sé que cuesta muchísimo y que, por más que te aconsejen desde fuera, hasta que tú mismo no te des cuenta no vas a dar el paso de cambiar tu vida.

En el interior de este libro me dejo ver tal y como soy o, mejor dicho, tal y como fui. Ha llovido mucho desde entonces, incluso desde que empecé a escribir este libro, que me ha costado muchos años terminar por distintas situaciones que se han dado en mi vida. Nada más y nada menos que siete años.

Tengo que adelantaros que algunos momentos de los que viví en aquellos años los he omitido, puesto que en el libro empiezo teniendo quince años y en la actualidad tengo treinta y cuatro. Pero lo más importante, de lo que mejor me acuerdo y lo principal del libro está bien explicado, detalladamente, como las veces que mi novio de aquel entonces me hacía daño.

Me gustaría aclarar también que los nombres de todas las personas protagonistas de esta historia son inventados (todos, sin excepción) por una cuestión de privacidad: alguna que otra persona se podría molestar, y mucho.

No me arrepiento de nada. Es lo que viví en ese momento y ni se puede cambiar ni tampoco quiero. Todo lo vivido ha sido para aprender y no volver a repetir los mismos errores, aunque somos humanos y cometemos otros diferentes. No obstante, si hemos escarmentado bien de uno de ellos, normalmente no volvemos a tropezar con la misma piedra. Como dice mi madre: «Para atrás, ni para coger impulso».

Dicho esto, espero que os guste mi primer libro. Y, sobre todo, os animo para que luchéis, tengáis el valor de dar un gran paso y cambiéis vuestra vida si estáis viviendo lo que yo viví.

Introducción

Ese día, cuando se levantó, no se imaginaba cómo le iba a cambiar la vida. Era un día como otro cualquiera, o eso parecía. Ainhoa estaba muy contenta y agradecida por estar a su lado, por haber encontrado el amor, aunque había cosas que no sabía si eran normales o no entre parejas.

Nunca había tenido una relación seria, a la cual se entregó por completo. Creía que todo lo que estaba viviendo era lo habitual: rupturas, peleas, celos, ahora no estoy seguro de estar contigo, ahora sí, y te echo de menos. Eran algunas de las situaciones que estaba albergando la jovencita. Con tan solo diecisiete años ya había experimentado todo ese enredo amoroso de traiciones, egoísmo, inquietudes, pasiones y temores. Pero a ella lo que le valía y con lo que se quedaba era que después de una ruptura, una pelea, un engaño o una indecisión por parte de Marcos, siempre venía un perdón y una reconciliación. Ella se sentía feliz así y le era suficiente. Se conformaba con eso y con que no la dejara para siempre.

Ese día de verano acontecía sin ningún problema, pero cuando fue a recoger a su novio en la moto, empezó a olerse que el día pintaba mal: Marcos estaba más serio de lo normal. Ainhoa pensaba que este tendría ganas de pelea ese día. Ya lo conocía de unos meses y sabía cuándo era época de monzones. Esos eran los días en que su novio se levantaba con el pie izquierdo, o discutía con su madre, con su hermano o con su padre, aunque no viviera en su casa; y siempre lo pagaba con ella, o simplemente se enfadaba con ella, según él, por su propia culpa: por una simple risa con algún otro chico que no fuera de su agrado, porque le llevara la contraria en público, o porque no hubiese liado un porro como a él le gustaba. Había muchas maneras por las que Ainhoa lo sacaba de quicio, aunque la pobre joven no lo hiciera con maldad ninguna.

Cuando Marcos llegó hasta a ella, la echó hacia la parte de atrás de su propia moto, para así el poder sentarse delante y conducirla. No le gustaba que ella lo llevara, siempre tenía que conducir él, aunque fuera la moto de Ainhoa. Y ella, por no provocar una pelea, aceptaba esa imposición que le había atribuido, como casi una obligación.

Marcharon ambos a una zona de la ciudad que frecuentaban mucho, ya fuera para salir de noche en las discotecas, para hacer los gilipollas con las motos, hacer concentraciones con el resto de chicos que tenían motos en la misma ciudad, o simplemente para pasar el rato.

En esos momentos quedaban porque estaban pintando la moto de Ainhoa y alguna que otra más.

Cuando llegaron ya estaban algunos del grupo allí reunidos, incluida su amiga Lía. Como siempre, llegaban tarde a todos los sitios a donde iban gracias a Marcos. Al joven le gustaba hacerse de rogar y, sobre todo, que estuvieran ya todos en el sitio para aparecer él de repente, como haciendo una entrada triunfal. Y ese día no pudo ser menos.

El día transcurría, más o menos, con normalidad. Se comieron unos bocadillos que fueron a comprar a una baguetería a la que iban bastante, pero al cabo de un rato, Marcos empezó una pelea con Ainhoa. Fue por una tontería, como la mayoría de sus peleas, pero esta vez a la joven no le gustaba nada cómo reaccionó su novio y menos cómo la estaba mirando.

Marcos dijo de buenas a primeras que se iba ya, miró a continuación a su novia y, con un tono seco y cortante, le dijo que se subiera en la moto. Ainhoa obedeció a su novio e hizo lo que le pidió.

Fueron todo el camino sin mediar palabra. Ainhoa estaba un poco asustada. Era raro que Marcos no le dijera nada en todo el camino. Siempre se la liaba donde fuese, excepto delante de la gente. Siempre cuando estaban los dos solos.

Una vez que llegaron a casa del chico, él aparcó la moto y se bajaron ambos de esta. Se dirigían al portal y la pelea continuaba por donde la dejaron antes de marcharse de donde estaban. Marcos le chillaba a ella, y ella, como no quería entrar al trapo, se volvió y se dirigió hacia su moto para ver si se callaba e iba detrás de ella, pero no. Ocurrió todo lo contrario. Marcos se enfureció más, gritó su nombre y Ainhoa se volvió rápidamente. El joven le tiró, con bastante fuerza, la llave de su moto a la barriga. Ainhoa se quejó porque le había hecho daño. Se volvió hacia su moto de nuevo, pero esta vez llorando y queriendo largarse de allí cuánto antes, pero Marcos no la dejó irse.

—Entra en el portal —le dijo su novio enfurecido.

—No, déjame en paz. Me voy —le contestó Ainhoa con lágrimas en las mejillas y bastante asustada.

—Entra ahora, ¡ya!

—¿Qué quieres? ¿No ves que me has hecho daño?

—Como no entres ahora, te vas a arrepentir de no haberlo hecho.

★★★

Antes de continuar con esto, necesito que sepáis cómo empieza la historia: desde cuándo Ainhoa empezó a tener la autoestima más baja de lo normal, de cómo estuvo una época algo enganchada a las drogas, de cómo llegó a pesar solo treinta y siete kilos.

Necesito que os adentréis en los sentimientos de esta joven que, con tan solo diecisiete años, pudo sufrir tanto. Quiero que os adentréis en su mundo, en su vida, en su corazón. Y cuando llegue esta parte, os daréis cuenta enseguida. No tardaré mucho en seguir con ello y que os enteréis de qué fue lo que le pasó. Como también quiero que sepáis las demás cosas que le seguían pasando.

Y, ahora sí, empiezo desde sus quince años de edad.

Capítulo 1

*«En el amor todo ha terminado
cuando uno de los amantes piensa
que sería posible una ruptura».*

Paul Charles Bourget

Lo que menos le gustaba era tener que memorizar más de dos páginas de cualquier libro de texto, sobre todo de historia. Podían ponerle treinta o cuarenta problemas de matemáticas y ella los resolvía en menos que cantaba un gallo. Analizaba frases sintácticamente en un santiamén. Lo que más le gustaba era la ortografía, y la geografía también se le daba muy bien. Pero odiaba tener que sentarse en su habitación para estudiar lo que la profesora hubiera mandado ese día, o lo que llevaba atrasado de días anteriores.

No podía evitar distraerse con cualquier cosa, ya fuera pintando una goma de borrar con el bolígrafo, haciendo dibujitos en el libro o quedándose dormida encima del escritorio. Esto último era su pasatiempo favorito: dormir y dormir.

Mientras descansaba un poco de estudiar, con la cabeza echada en la página 156, Anna entraba en la habitación.

—¿Cuántas veces tengo que decirte que llames a la puerta antes de entrar? —le dijo Ainhoa a su madre, algo cansada de repetirle siempre lo mismo.

—¿Y cuántas veces tengo que decirte yo a ti que no te quedes dormida mientras estudias? —replicó Anna.

—Vale, no empecemos. ¿Qué quieres?

—Tengo que decirte una cosa —dijo un poco cabizbaja.

—Adelante. Soy toda oídos.

—A ver… —resopló Anna antes de seguir—. Sabes que tu padre y yo no estamos muy bien, ¿verdad? —Ainhoa asintió con la cabeza—, pues, hemos decidido separarnos.

—Ya me lo imaginaba.

—Pues eso, y en unos días se irá de casa, ¿vale?

—Vale… —afirmó la joven acompañándose de un pequeño suspiro.

—¿Estás bien?

—Sí, claro. ¿Por qué no iba a estarlo? ¿Porque mi padre se va de casa? Pues la verdad es que me importa poco. La mayor parte del día se la pasa por ahí, no va a haber mucha diferencia cuando se vaya. Lo único bueno que recuerdo de él es que me hacía carreteras en cartulinas grandes para mis coches, que me enseñó a montar en bici y que gracias a él me gusta el olor a pescado, pero odio el olor a cerveza y a vino.

—Cuánta razón tienes, hija. Y qué pena que tengas tan pocos recuerdos buenos de él, y que te dé asco el olor a cerveza y a vino por la de veces que llega a casa borracho…

La conversación se dio por finalizada y Anna le dio un abrazo a su hija con tanta fuerza que casi la deja sin aliento. Cuando la dejó respirar, se dio media vuelta y salió de la habitación para que siguiera estudiando, o durmiendo.

Ainhoa era una chica de catorce años muy convincente. Anna tuvo poco que explicarle acerca de su decisión, puesto que ya sabía cómo era su padre y pensaba que demasiado tiempo había esperado en dar el paso.

Cuando cayó el sol y la luna se dejaba ver en todo su esplendor, Ainhoa se asomó a la ventana para intentar ver alguna estrella que se dejara ver, a pesar de la contaminación lumínica de la cuidad. Le encantaba mirarlas. Podía pasarse horas observando ese manto oscuro lleno de puntitos blancos y brillantes. Después de admirar el cielo un rato, siempre buscaba el Cinturón de Orión, aunque ella lo conocía como los Tres Reyes Magos, o eso le decía su madre cuando era pequeña. También conocido como las Tres Marías. Pero Ainhoa le gustaba más como lo llamaba Anna, así siempre que lo mirase, se imaginaba que los Reyes Magos estaban viajando de un lugar a otro y, a su vez, se acordaría de ella, de la persona que la trajo al mundo y a la que más quería, aunque no se lo hacía saber muy a menudo.

También veía alguna que otra estrella fugaz y, como manda la tradición, pedía un deseo cerrando bien los ojos para poder concentrarse mejor y pedirlo con muchas ganas.

Pasaron unos días, como bien dijo Anna, hasta que llegó el momento de la partida de su padre: un sábado al mediodía, justo el día en que Ainhoa cumplía quince años.

En la pequeña ciudad llamada Vela, situada al sur de Europa, aunque hacía frío, gozaban de un sol radiante, cuyos rayos daban una pizca de calidez cuando rozaban la piel.

La joven fue unas horas antes a una joyería a comprar una alianza de plata. Quería hacerle un regalo a su padre antes de marchar. Le pidió al joyero que en su interior grabara una inscripción: «Te quiero», y a continuación de esas dos palabras, su fecha de nacimiento.

Una vez terminada la compra, corrió a su casa para poder despedirse de su padre y darle el anillo.

Llegó justo a tiempo. Ya se iba.

Ainhoa le dijo a su padre que extendiera la mano. Él la extendió, tomó el anillo y, con un abrazo, un par de besos y un nudo en la garganta, se marchó.

Sin apenas darse cuenta, fue pasando el tiempo y Ainhoa fue empeorando en sus estudios, hasta el punto de tener que repetir el curso que acababa de terminar: tercero de secundaria.

Cuando el curso terminó, Ainhoa llevaba en sus notas de calificación la mayor parte de asignaturas suspendidas. Eran once asignaturas y ella suspendió nueve.

Anna la apuntó a unas clases particulares durante los tres meses de vacaciones de verano. A la chica no le hizo ni pizca de gracia. No le gustaba la idea de tener que ir a unas clases por las mañanas y perder el tiempo con ello, pudiendo dedicarlo a otra cosa, como a dormir.

Pero lo que imaginaba que sería un tostón, resultó ser todo lo contrario. Conoció a un par de chicos, Abraham y Bryan, con los que hizo muy buenas migas y con los que comenzó a quedar por las tardes al cabo de unos días. Abraham era muy agradable con ella, hasta tal punto que empezaron a gustarse. Entre risas y coqueteos llegaron los besos y pocos días más tarde empezaron una relación algo más seria.

A raíz de su noviazgo, el chico le presentó al resto de sus amigos. La jovencita cayó bastante en gracia al grupo.

Ainhoa era una de las más jóvenes de la pandilla de amigos, y el más mayor tenía diecinueve años. Como la mayoría de jóvenes de esa edad, bebían alcohol, fumaban tabaco, marihuana, etc.

También eran fanáticos del mundillo del motor. Muchos de ellos tenían ciclomotores e iban de un lado a otro de la ciudad en ellos. Además de desplazarse en sus respectivos vehículos de dos ruedas, les gustaba mucho modificar sus motores.

Ainhoa no quería ser menos que nadie. Le pidió a su madre el scooter que tenía. Anna le dio un «no» rotundo como respuesta, y menos sin tener el permiso del ciclomotor y habiendo repetido el curso.

La joven insistió mucho. Le dijo que si le daba el dinero para sacarse el permiso, aprobaría el curso, el cual ya había empezado de nuevo. Pensó que le sería más fácil aprobarlo al haber ya pasado por lo mismo.

Su madre la creyó y cedió a darle el dinero. Una vez se lo sacara, podría coger la moto de Anna.

Ainhoa solo tardó un par de semanas en sacarse el permiso.

★★★

Aparte de empezar a coger el ciclomotor de Anna, desde que salía con sus nuevos amigos también comenzó a fumar tabaco, beber alcohol y de vez en cuando también fumaba marihuana.

> *«La diferencia entre la estupidez y la genialidad es que la genialidad tiene sus límites».*
>
> Albert Einstein

Capítulo 2

Ainhoa notaba que Abraham intentaba algo más con ella que no quedara en simples besos, pero aún era virgen y no estaba segura de que fuera el hombre de su vida para entregarse a él. Y, como la joven ya suponía, después de los intentos fallidos de llevarla a la cama por parte del chico, esa relación se acabó, después de poco más de tres meses.

A raíz de su ruptura con Abraham, Ainhoa se apartó un poco de la que era su nueva pandilla. Dedicaba más tiempo a sus compañeras del instituto. Excepto cuatro o cinco chicos que habían repetido con ella, del resto de la clase no conocía a nadie y pensaba que algunos amigos nuevos no le vendrían mal.

Se puso a estudiar un poco más que el año anterior, pero de vez en cuando le daba el bajón. Se acordaba de su padre, que algo lo echaba de menos, aunque estuviera poco tiempo en su casa y fuera un adicto al alcohol que prefería estar en la calle bebiendo a estar con su hija, o no ir al médico cuando estaba malo porque le mandarían medicamentos y eso significaba tener que dejar de beber sus preciadas bebidas alcohólicas.

★★★

Unos seis meses después, comenzó a salir con su prima Nerea. Salían los fines de semana, de lunes a viernes, y todos los días que se encartaran, e iban de feria en feria. Conoció a gente nueva, pero no eran de su estilo: siempre estaban metidos en peleas. Y aunque no le gustara mucho estar con ese tipo de gente, no quería pasar el tiempo a solas, porque con sus nuevos compañeros de clase no salía mucho. No le quedó más remedio que aguantarse un poco, lo justo para zanjar el tema de Abraham y poder volver a salir con su antiguo grupo de amigos. Tiempo para que el chico se olvidara un poco de ella, ya que él fue el que estuvo más enamorado de los dos en esa relación.

Fueron pocas las semanas que Ainhoa continuó quedando con su prima cuando volvió a integrarse de nuevo en la pandilla que, sin problemas, volvieron a aceptarla, incluido Abraham.

Siempre llegaba gente nueva al grupo. Algunos se iban, otros se quedaban. En general, era un grupo bastante numeroso de amigos. Solían ser alrededor de unos veinte.

Una tarde, no muy diferente a otra de tantas que pasaban en el parque donde quedaba todo el grupo, llegó un chico nuevo de diecisiete años, Marcos, con su pareja, Julia.

Marcos era bastante guapo, ojos marrones oscuros y pequeños, nariz prominente y su pelo era casi negro. De estatura más bien bajita para ser un chico, y era delgado, pero parecía tener una buena figura. Vino con su moto pintada muy original, diferente, llamativa y con el motor modificado para que sonara y corriera más, lo mismo que le hacían todos a sus motos, pero este chico la tenía mucho más rectificada.

Todas las chicas quedaron encandiladas con el joven, aunque decepcionadas a la vez, puesto que ya tenía novia.

Antes que él, llegaron dos chicas, Lía y Ruth. Ainhoa se hizo muy amiga de ellas. Estas dos jovencitas ya se conocían antes de llegar al grupo.

Todos los días se acontecía algo diferente: algún lio amoroso, algún accidente, borracheras por doquier, etc.

Hubo un día en especial que supuso una locura para todas las chicas solteras del grupo: la ruptura de Marcos y Julia, después de haber mantenido su relación durante dos años. Solo fue cuestión de menos de un mes de la llegada al grupo para que se fuera al garete ese vínculo amoroso que tenían los dos jóvenes.

Cuando se enteraron de la noticia, todas fueron a la caza del joven. En ese momento, daba igual como de amigas eran unas de otras. Pero solo una consiguió cautivarlo, Ruth.

★★★

Siempre estaban juntos Lía, Marcos, Ruth y Ainhoa. Iban a discotecas, bebían y se divertían. Marcos y Ruth, muy unidos; Ainhoa y Lía bailando sin parar. No había nada ni nadie que las parara, ni hora que las empujara a regresar a casa.

Ainhoa se solía quedar a dormir en casa de Lía. Anna no le dejaba llegar tarde, tenía que recogerse a la una de la madrugada. Su decisión era tajante. Pero la madre de su amiga les daba más vía libre, así que se quedaban en su casa, mintiéndole a Anna, ya que la hora máxima de Lía eran las cuatro.

★★★

Llegó junio y con ello el final del curso y el comienzo del verano. La joven suspendió cinco asignaturas, pese a que estaba repitiendo el curso. Como no podía volver a repetir, la tuvieron que pasar a la fuerza al siguiente curso, 4.º de ESO.

A Ainhoa parecía no importarle demasiado tener que aprobar un curso nuevo y cinco asignaturas del anterior. Le importaban más sus amigos y pasárselo bien con ellos.

Al llegar el buen tiempo, los cuatro amigos y el resto del grupo se lo pasaban pipa. Iban todos los días a la playa; los fines de semana seguían yendo de discotecas, otros fines de semana se iban al campo de alguno de los amigos, pero Ainhoa no iba mucho a dichos campos, su madre no la dejaba y menos después de las malas notas que andaba sacando.

Pero hubo un fin de semana en especial en el que fueron al campo de Lucía, una de las chicas que formaba parte de la pandilla. Era en un pueblo cerca de la ciudad. A Anna, como era de esperar, no le hacía ninguna gracia que su hija fuera. Aparte de porque no estaba estudiando apenas (o nada), otro de los motivos era por el saco de hormonas que tenía por amigos. Pero tampoco podía retenerla toda su vida en casa, así que, con un poco de esfuerzo, la dejó ir esta vez.

Se lo estaban pasando muy bien. Se bañaban en la piscina durante el día, comían carne que hacía la madre de Lucía en la barbacoa. Por la noche contaban historias de miedo en una pequeña cabaña que tenían en el jardín, en la cual dormirían todos juntos.

Todo parecía perfecto, tanto que decidieron jugar al escondite por todo el campo, como si tuvieran ocho años, recordando sus infancias, pero hubo un momento en la infancia de Ainhoa que le marcó de por vida.

Una tarde en casa de su tía, el mayor de los primos puso una película de miedo, haciéndose el valiente junto a los demás primos, los cuales eran un poco más pequeños, pero no tanto como Ainhoa, que por ese tiempo tenía solo seis añitos. La peli trataba de un payaso diabólico. A Ainhoa la echaron del cuarto por ser la más pequeñaja, pero su curiosidad le pudo. Fue hacia la habitación donde estaban todos y abrió la puerta. Todos miraron hacia ella. Se quedó inmóvil esperando un rapapolvo del más mayor, pero obtuvo todo lo contrario. Le dijo que entrara si era valiente y la viera con ellos. Ella se quiso hacer la valiente y ver también la película. Se sentó en el suelo con alguno de sus primos y lo que vio no le estaba gustando nada. Pensó en salir corriendo de allí en ese mismo instante, pero todos se reirían de ella y a raíz de aquello sería la miedica. Esa idea no le gustaba, así que siguió allí sentada, apartando la mirada de vez en cuando para no ver lo que se acontecía en la peli. Pasados unos diez o quince minutos, los cuales le parecieron a Ainhoa una auténtica eternidad, la puerta se abrió, lo cual asustó a todos los presentes en la habitación. Era Anna, que llamaba a Ainhoa diciéndole que era la hora de irse a casa.

Ainhoa vio el cielo abierto, suspiró de tranquilidad y salió disparada hacia su madre, a la cual la veía en ese momento como su salvadora.

> *«Siempre se ha de conservar el temor,*
> *más jamás se debe mostrar».*
>
> Francisco de Quevedo

Desde entonces Ainhoa le tenía un miedo extremo o, mejor dicho, una fobia a los payasos, llamada coulrofobia.

Todos sus amigos sabían de su pánico a los payasos. Ainhoa se la quedaba jugando al escondite. Le tocaba contar hasta veinte sin mirar y, cuando terminase, comenzar a buscarlos con un grito diciendo: «¡Que voy!».

El primer lugar en el que se dispuso a buscar fue en la cabaña. No le gustaba mucho la oscuridad y la cabaña tenía algo de luz, aunque fuese una luz tenue. Al poner el primer pie en la cabaña, asomó primero la cabeza para que no la viesen demasiado y así poderlos pillar de sorpresa. Pero la sorpresa se la llevó ella cuando miró hacia el sofá cama que había y vio un muñeco sentado, pero no un muñeco cualquiera, era un payaso.

Ainhoa se sobresaltó, lanzando un grito al aire al mismo tiempo. Salió de la cabaña enseguida, pero cuando dejó de ver el horrible muñeco que algunos de sus amigos pusieron en aquel sofá, se quedó inmóvil y mirando un punto fijo. Le costaba mucho respirar. Le estaba dando un ataque de ansiedad. Sus amigos corrieron hacia ella, dejando atrás el juego y la sentaron en una de las sillas que había en el porche de la casa. Le abanicaron un poco y le hicieron que se relajara. Poco a poco lo fueron consiguiendo. Se terminó relajando, pero como siempre le pasaba cuando le daban estos ataques, que no era el primero que le daba, se quedó con muy poca fuerza.

La madre de Lucía le ofreció una tila. Ainhoa se lo agradeció en el alma, pero le daban asco las infusiones.

Cuando ya se relajaron todos, incluida ella, se fueron todos a la cama a descansar.

Antes de dormir, todos le pidieron perdón por haberle puesto ese muñeco allí, pero no le dijeron de quien fue la idea concretamente, ya que Ainhoa se habría puesto como una furia con esa persona y se habría enfadado muchísimo. Así que decidieron pedirle perdón en conjunto.

La joven era propensa a que le dieran esos tipos de ataques. Su madre la quería llevar a un psicólogo para ver que le ocurría.

Ainhoa se negaba a ir porque decía que eso era para gente que estaba loca, que no era para ella. Pero al final cedió.

En su primera sesión no consiguió mucho la psicóloga. Ainhoa se negaba rotundamente a contarle sus problemas o sus intimidades a una extraña. Así que decidió darle una segunda cita. En esta segunda cita, la psicóloga interrogó a Ainhoa como si no hubiera un mañana. Ainhoa se vio con la necesidad de contarle muchas cosas. Tanto fue lo que le contó que, en un momento, sin darse apenas cuenta de ello, la joven se derrumbó. Lloró como hacía tiempo no lo hacía. La psicóloga le dijo que lo único que tenía que hacer era contar sus problemas, decirle a alguien (a su madre, a una amiga, a quien ella quisiera o tuviera más confianza) lo que pasaba por su mente cuando se sentía mal, cuando le hacían daño, cuando se encontraba mal por algo o alguien. Otra opción era escribirlo, que la escritura desahoga mucho. Y llorar. Le dijo que llorar no era nada malo, todo lo contrario. Había momentos en la vida en los que hacía falta llorar. Sus ataques de ansiedad eran ocasionados por todos los problemas que se guardaba para ella sola y no le contaba a nadie, ya fueran problemas importantes o más insignificantes, y por todas las veces que no había llorado por miedo a que la vieran débil.

★★★

Llegó el domingo y con ello la vuelta casa. Había sido un fin de semana muy interesante, diferente. Habían tenido momentos divertidos y otros que no lo fueron tanto.

Una vez de vuelta pasaron los días, semanas, todo acontecía como siempre, normal.

Ainhoa comenzó su siguiente curso y, pasados unos cinco meses, una noticia impactó a todo el grupo de amigos: los tortolitos, Ruth y Marcos dejaban su relación a un lado.

Nadie se lo llegaba a creer, ya que se llevaban y complementaban muy bien, o eso parecía.

Rumores iban y venían. Unos decían que terminaron su relación por incompatibilidad, porque él era muy acaparador y ella demasiado sociable con todo el mundo; otros decían que Marcos había pegado a Ruth, esto último parecía algo inventado. Ruth le comentó algo de eso a Lía, y Lía, a su vez, a Ainhoa. Tenían que creerla, al fin y al cabo, las tres eran amigas antes de que Marcos llegara rompiendo corazones. Pero, aun así, no estaban muy convencidas.

Por un motivo o por otro, el asunto quedó olvidado por un tiempo.

«La cantidad de rumores inútiles
que un hombre puede soportar es
inversamente proporcional a su inteligencia».
Arthur Schopenhauer

Ainhoa seguía con sus estudios, con sus nuevas asignaturas suspendidas y sus antiguos cinco suspensos. Iba de mal en peor, pero seguía sin importarle. Cada vez tenía menos ganas de seguir estudiando y Anna ya se estaba haciendo a la idea.

Capítulo 3

Ruth volvió al grupo de las solteras, junto a Lía y Ainhoa.

Las tres amigas empezaron a salir de fiesta todos los fines de semana y, como ellas decían, a arrasar.

Pronto llegaría el carnaval y querían salir disfrazadas en la cabalgata: un desfile de carrozas y grupos de personas bailando entre esas carrozas, recorriendo la avenida principal de Vela y que finalizaba en el puerto de la misma ciudad.

Ruth fue a apuntarse en la lista que había para quienes querían salir en dicha cabalgata, concretamente en una de las carrozas. También apuntó a Ainhoa y a Lía.

Le dijeron cómo tenían que ir disfrazadas, y la hora y el sitio donde tenían que estar el día del desfile. Muy contentas, se pusieron manos a la obra. Se apuntaron a unas clases de baile que impartían en un centro, en la parte antigua de la ciudad; buscaron a alguien para que les hiciera los disfraces. En el mismo sitio donde estaban dando las clases de baile, les recomendaron un modisto que al parecer era bastante bueno y no estaba muy lejos de allí.

Al día siguiente fueron a comprar la tela para llevársela al modisto y que empezara a trabajar, pero antes tenía que tomarles las medidas. Y eso fue lo que hizo como buen profesional, aunque a Ainhoa no le hacía mucha gracia su forma de ser, parecía un poco estirado, pero era muy recomendado.

Les dijo el importe aproximado que le llevaría a cada una. Aceptaron y les dejaron las telas allí para que empezara cuanto antes. Telas muy llamativas, con lentejuelas. Tenían que ir disfrazadas de algo parecido a una sirena, o ese era el tema de la carroza. Pero, a decir verdad, el modelo del disfraz no se parecía en nada a una sirena, aunque a las tres amigas les encantaba el modelito. Era un vestido cortito, parecido al que llevaba Campanilla, el hada de la película Peter Pan.

Ainhoa y Lía iban de rosa; Ruth, de celeste. Unos guantes blancos y unas botas altas del mismo color y, como toque final, algo que les recogiera el pelo, como una estrella de mar.

A Ruth le favorecía mucho su color, ya que era rubia, aunque no tenía una melena demasiado larga para poder llamar más la atención, cosa que le encantaba. Alta y delgada, de ojos marrones. En general, muy vistosa.

Ainhoa también estaba muy favorecida con el suyo. Su estatura no llegaba a 160 cm, ojos marrones, aunque con la luz del sol se le clareaban un poco y parecían tener tonalidades verdes. De complexión delgada, pelo largo y castaño. Era bastante guapa y, aunque no fuera tan alta como Ruth, llamaba mucho la atención.

La única que no lucía mucho su disfraz era Lía. Un poco más alta que Ainhoa, morena, pelo corto, de ojos marrones oscuros, casi negros, y poco atractiva. No era tan delgada como Ruth o Ainhoa, aun así, gustaba mucho a los chicos, sobre todo por su manera de ser.

> *«La simpatía es muy frecuentemente un*
> *prejuicio sentimental basado en la idea*
> *de que la cara es el espejo del alma.*
> *Por desgracia, la cara es casi siempre una careta».*
>
> Santiago Ramón y Cajal

Una semana antes del carnaval, Ainhoa gozaba de un día de tranquilidad en su casa, sentada en el salón, viendo la tele. Su abuela sentada en la butaca y Anna planchando ropa.

Le sonó su teléfono móvil mientras tenía una plácida charla con su madre. Cuando lo cogió para ver quién era, vio el nombre de Marcos en la pantalla. Era un mensaje de texto del chico guapo que había vuelto locas a todas las jovencitas de la pandilla, y el ex de una de sus amigas.

Ainhoa leyó el mensaje en silencio, sin mediar palabra alguna. Se quedó fría al terminar de leerlo.

—¿Quién es? Con esa cara que has puesto tiene que ser alguien muy interesante —le preguntó su madre, tan cotilla como siempre.

—Mamá, ¿te acuerdas de Marcos? El chico este que estaba con mi amiga Ruth.

—Sí, bueno, muy bien no me acuerdo, pero de algo me suena. Ainhoa continuó:

—Pues me acaba de decir que le estoy empezando a gustar, pero que no diga nada a nadie.

—¿Ese chico no era el que le pegó a Ruth?

—Joder, mamá, para lo poco que te acordabas de él, bien que recuerdas esa parte.

—A una madre no se le olvidan esas cosas. Si te pasara a ti, mato al tío —dijo Anna amenazante, agitando la plancha que tenía en la mano en ese momento.

La joven le dijo que sí, que era ese chico, pero que eso eran rumores, que no se sabía con certeza.

—Ainhoa, hija, cuando el río suena… agua lleva.

—Ya lo sé, mamá, pero a saber qué pasó de verdad. A la gente le gusta mucho el cotilleo y hablar de la vida de los demás.

—Bueno, haz lo que tú veas, pero te digo una cosa, tengo treinta y cuatro años y, según mi experiencia, ese chiquillo no me da buena espina.

La conversación entre madre e hija quedó zanjada, de momento.

Anna era una persona muy directa. Su abuelo, el bisabuelo de Ainhoa, era de casta gitana. De ahí su melena morena y ondulada. Era una mujer alta, delgada, muy guapa.

Se llevaba muy bien con Ainhoa, sobre todo le aconsejaba mucho. Decía que lo hacía para que no cometiera los mismos errores que ella cometió a su edad. Pero bien se sabe que, hasta que alguien no comete los errores por sí mismo, no aprende la lección.

Ainhoa, después de la charla con su madre, hizo caso omiso de lo que le advirtió. Lo primero que hizo fue mandarle un mensaje a su amiga Lía, diciéndole que tenía que contarle algo muy importante; y lo segundo, contestarle a Marcos. Le dijo que a ella también le gustaba desde hacía un tiempo. ¿Y que iban a hacer? Le preguntó Ainhoa. Marcos le dijo que tiempo al tiempo, que tuviera paciencia y, sobre todo, que no dijera nada.

Con el corazón latiéndole a mil por hora, se arregló un poco y salió a la calle. Había quedado esa misma noche con todo el grupo, incluido Marcos.

Al llegar al sitio donde habían quedado, y donde quedaban siempre, saludó a todos. Marcos aún no había llegado, normalmente era uno de los últimos en llegar. Le gustaba bastante ser el centro de atención y hacerse de rogar.

Una vez terminada la ronda de besos, que era la forma que tenía la pandilla de saludarse cuando se reunían, Ainhoa dijo que iba a comprar tabaco y, como siempre, Lía la acompañó. Aprovecharon la situación para que le contase ese «algo» tan importante que tenía que contarle.

Se montaron en el scooter de Ainhoa y, mientras se iban alejando, Lía no podía más con la intriga y le dijo que soltara ya lo que fuese.

Ainhoa se lo fue contando mientras conducía.

Cuando llegaron al sitio donde comprar tabaco, ya se lo había terminado de contar todo. Lía, alucinada, enmudeció por unas milésimas de segundo.

—Ainhoa, no sé qué decirte. Sabes lo que se dice de él. Yo que tú no me fiaría mucho, sin contar con que ha dejado a Ruth no hace mucho. Se enfadaría muchísimo si se enterara —le advirtió su mejor amiga.

Ainhoa se quedó pensativa por un momento.

—Sí, tienes razón, y mi madre también me ha dicho lo mismo. Pero es que me gusta mucho y… no sé qué hacer.

—Mira, yo no soy quién para decirte lo que debes o no debes hacer. Solo te puedo dar mi más sincero consejo. Esta historia pinta bastante mal y puede tener un final muy feo. Te vas a buscar el enfrentamiento con Ruth. Tu madre tiene mucha razón, las madres tienen más recorrido en la vida que nosotras y son las que mejor nos pueden aconsejar, aunque nos cueste reconocerlo. Pero, la verdad, haz lo que quieras y lo que tú sientas. También te digo que la amistad va y viene, el amor es más complicado. Pero piénsatelo muy bien antes de tomar cualquier decisión.

Ainhoa se quedó de piedra por un instante.

—Gracias, Lía, de verdad. Me has aconsejado muy bien, pero sigo igual de liada que antes.

—¿Sabes que te digo? Que hagas lo que hagas y decidas lo que decidas, yo te voy a apoyar porque eres mi amiga, aunque Ruth también lo es, y desde hace más tiempo que tú. Pero, tranquila, que no te voy a dar de lado.

—Pues ahora que me acabas de decir esto, me siento un poco mejor. En estos momentos me haces mucha falta, Lía, y te agradezco de corazón todo lo que me has dicho.

Ainhoa se sintió bastante aliviada después de haber hablado de lo sucedido con su amiga.

> *«La confidencia corrompe la amistad;*
> *el mucho contacto la consume;*
> *el respeto la conserva».*
> Marco Tulio Cicerón

Una vez terminaron de hablar y de comprar tabaco, volvieron donde estaban todos.

Cuando llegaron al sitio donde estaba el resto, ya había llegado Marcos. No se dirigieron la palabra en toda la noche. Ainhoa prefería guardar la distancia, no sabía si era por vergüenza, porque alguien lo notara o por respeto a Ruth, pero lo prefirió así. Y Marcos tampoco puso de su parte para acercarse a ella.

Se estaba haciendo tarde y llegaba la hora de recogida para Ainhoa. Se despidió de sus amigos y se fue para casa.

Cuando llegó, le sonó el móvil. Era otro mensaje de Marcos que decía: «Le has contado algo a Lía, ¿verdad?». Ainhoa le dijo que sí, que lo sentía muchísimo, pero que era su mejor amiga y necesitaba contárselo a alguien.

Marcos le dijo que más le valía que no contaran nada más, ninguna de las dos, porque si no, le dejaría de hablar.

Ainhoa le dijo que no se preocupase, que Lía sabía guardar un secreto y que no se lo pensaba contar a nadie más.

★★★

Pasó esa semana y llegó la semana del carnaval.

El viernes era la final del concurso de agrupaciones y la retransmitían por la tele. Fueron unos cuantos amigos, unos siete u ocho, a casa del padre de Marcos, aprovechando que no había nadie. Sus padres también estaban divorciados. El padre era marino mercante, se iba muchas veces a navegar durante el año y le solía dejar las llaves de su casa a sus hijos. Marcos tenía un hermano mayor que él, pero al ser bastante más mayor, no tenían apenas relación, solo para pedirse tabaco mutuamente. Algo triste pensaba Ainhoa, ya que ella era hija única y le hubiera gustado compartir su vida con una hermana o un hermano.

La casa del padre era un dúplex, aunque bastante pequeño. Lo justo para vivir una persona, un par como mucho. En la parte de abajo se encontraba la cocina, separada del salón por una puerta y una pequeña barra americana; en el piso de arriba, una sola habitación, con una cama de matrimonio y un cuarto de baño.

Se llevaron refrescos, bebidas alcohólicas, algo de comida y, sobre todo, marihuana para fumar. Más que ver el concurso, iban a divertirse y pasar un buen rato.

Ainhoa y Lía también fueron. Ruth, como era de esperar, no estaba invitada.

Abrieron el sofá cama que había en el salón y allí se pusieron todos a ver la tele. Marcos se recostó al lado de Ainhoa, como era de esperar. Ainhoa estaba muy nerviosa.

Pasadas un par de horas, ya estaban todos un poco ebrios y algo fumados, cada uno a lo suyo. Unos cantaban, otros seguían bebiendo y fumando, y Marcos y Ainhoa charlaban, muy juntitos, ajenos al resto del mundo. Él cada vez se acercaba más, hasta que empezó a susurrarle al oído. Ella empezó a ponerse más nerviosa aún, si cabe, y sin que la joven se lo esperara, la besó en los labios.

El beso duró unos segundos, aunque a Ainhoa le pareció una eternidad. Marcos apartó su cara un poco, la miró a los ojos y le dijo:

—Esto era lo que querías, ¿no? —le susurró Marcos en el oído.

Ainhoa sonrió y movió la cabeza dándole un sí por respuesta. Instantáneamente, siguieron besándose.

Estuvieron muy acaramelados el tiempo que les quedaba hasta que la jovencita tuviera que irse.

A las dos de la madrugada, Ainhoa tenía que estar en su casa. Marcos la acercó en su moto, mientras los demás siguieron un rato más en el piso.

Cuando llegaron al portal, ella se bajó, se puso a su lado y lo besó.

—Bueno, mañana nos veremos, ¿no? —preguntó ella con voz dulce.

—Pues claro. Tenemos que salir disfrazados por ahí, recuerda que mañana es sábado.

—Cierto. Pues nos vemos entonces.

Se miraron fijamente por última vez esa noche y se volvieron a besar.

—Hasta mañana, guapa.

—Hasta mañana.

Ainhoa se giró con la llave en la mano para abrir la puerta mientras miraba como se alejaba con su moto. Suspiró por un momento, abrió la puerta sin creerse lo que acababa de pasar y, con una sonrisa dibujada en sus labios, subió las escaleras del portal hasta su casa, en la que entraría muy despacito para que su madre no se percatara de su entrada y le oliera la ropa y el pelo, que le apestaban a tabaco.

Al día siguiente por la tarde, Ainhoa quedó con Lía en su casa para planificar la noche y para hablar largo y tendido de lo que pasó entre ella y Marcos.

—Cuéntamelo todo —exigió Lía.

—Pues tampoco pasó nada fuera de lo normal. Lo que viste en casa de su padre y luego, cuando me llevó a mi casa, nos dimos un beso para despedirnos.

—¿Solo eso?

—¿Qué más quieres? ¿Que me pida matrimonio?

—No, joder, pero, ¿no hablasteis de nada?

—Bueno, sí, le pregunté que si nos veíamos hoy y me dijo que sí. Nos besamos, me dijo «hasta mañana, guapa», y yo también le dije «hasta mañana». Ya está —aclaró Ainhoa.

—Pues vaya mierda de conversación. Espero que tengáis una buena conversación más adelante de lo vuestro, porque yo no me fío de este ni un pelo... —recalcó su amiga con cierto tono de desconfianza.

—Bueno, tranquila. Todo a su debido tiempo. No me va a tomar por tonta.

—Ainhoa, el que avisa no es traidor. Ten cuidado con este mamarracho.

—¡Que sí, cansina! Y hablando de mamarrachos, ¿qué pasa con mi vecinito? Que desde que lo viste me estás dando tremenda tabarra.

—Pues… ¿tú qué crees? —le preguntó Lía con voz picarona—. Voy a quedar con él.

—Y supongo que no será para charlar. Corrígeme si me equivoco.

—Pues claro que no. Hay que aprovechar toda oportunidad posible. Hoy en día charlar es una pérdida de tiempo. Hay que ir al grano, chica —alardeó Lía.

—Y me lo dice la que quiere que tenga la charla con Marcos.

—Bueno, tu situación es diferente a la mía. Este tiene mala reputación. Tu vecino, no.

—Ya, claro. Pon mi situación de excusa para poder tirártelo tan tranquila… Vaya golfa que estás hecha —se mofó Ainhoa. Las dos amigas se rieron a carcajadas por el comentario.

Las dos amigas tenían mucha confianza y se hablaban sin pudor alguno.

Ainhoa seguía siendo virgen, no había mantenido relaciones sexuales con nadie aún. Siempre le preguntaba a Lía detalles de cómo era todo. Su amiga era solo un año mayor que ella, pero ya estaba más experimentada. Ainhoa cumpliría diecisiete años al finalizar los carnavales, sabía que pronto tendría que ser la primera vez y se olía que iba a ser con Marcos.

«El amor de los jóvenes no está
en el corazón, sino en los ojos».
William Shakespeare

Una vez terminaron de cotillear y darse consejos, hablaron de disfrazarse esa noche, pero no tenían muchas ganas, ya que al día siguiente tenían que salir en la cabalgata disfrazadas.

Hablaron de más cosas aparte de tíos y disfraces. Lía le comentó a Ainhoa que el novio de una compañera de su clase vendía pastillas, éxtasis.

—Lía, tienes que dejar de fumar marihuana, porque te está afectando al cerebro —le dijo Ainhoa irónicamente—. Ni de coña pruebo eso.

—A ver, escúchame y déjame terminar antes de decir que no —Ainhoa asintió mientras miraba a su amiga con una ceja levantada—. Estas pastillas se llaman Love y es evidente que te colocan un poco, pero su principal efecto es que te ponen «cariñosa» —recalcó Lía haciendo el gesto de las comillas con los dedos, y continuó—. No son caras, seis euros cada pastilla, pero si no quieres una entera, se puede comprar la mitad. ¿Qué opinas?

—Joder, no me líes. Me dan miedo esas cosas. Yo que apenas aguanto el alcohol, con eso me va a dar un chungo. Además, dices que te ponen «cariñosa» y creo que la palabra exacta que buscas es «cachonda» —le contestó ella, haciendo énfasis en la última palabra que salió por su boca.

—Sí, ¡vale! Me has pillado —le confesó Lía con una sonrisilla maliciosa—. Así puedes aprovechar la ocasión con Marcos, y él seguro que la querrá probar también.

—Bueno, ya veremos.

—Vale... Tú piénsatelo —le dijo guiñándole un ojo al mismo tipo.

Capítulo 4

Llegó la noche y Ainhoa seguía en casa de Lía. Como al final decidieron no disfrazarse, se arreglaron, se pusieron guapas y salieron a la calle.

Quedaron con los demás en la parte antigua de la ciudad. Fueron llegando poco a poco, hasta lograr reunirse casi todo el grupo, excepto Ruth, que decidió apartarse de la pandilla a raíz de la ruptura con Marcos. Gracias a este alejamiento, comenzó a surgir una fuerte amistad entre Ainhoa y Lía.

Cuando ya llegaron todos, se fueron a una de las calles de esa misma zona, donde había muchísima gente. Da igual por qué calle fueran, estaba todo inundado de grupos de personas.

Empezaron a beber, cantar, bailar e iban de un lado a otro por las concurridas calles. Estaban todos bajo los efectos del alcohol, excepto Ainhoa, que no le gustaba demasiado beber alcohol. Le sentaba muy mal y siempre le daban chungos si bebía más de tres copas, así que ella solo bebía en ese momento refrescos.

Marcos no se acercaba mucho a Ainhoa y ella decidió pasar un poco de él.

—¿Quieres que vayamos a ver a mi amiga? —le preguntó Lía a la joven, acercándosele al oído para que la oyera mejor, ya que con todo el bullicio apenas se escuchaba una palabra.

—No sé, tía. ¿Seguro que no pasa nada? —preguntó Ainhoa algo asustada.

—Te prometo que no te va a pasar nada. Mira, compramos media pastilla, como te dije esta tarde, y nos comemos un cuarto cada una. Si ves que te encuentras mal, me lo dices y nos vamos, ¿vale?

—Bueno, vale. Llama a tu amiga.

Lía sacó su móvil y llamó a su compañera de clase. Estaba muy cerca de donde ellas estaban. Ainhoa se acercó a Marcos, por segunda vez en toda la noche, y le comentó:

—Vamos a buscar a una amiga de Lía para comprarle media pastilla de éxtasis para las dos, ¿tú quieres?

—Vale. ¿Voy con vosotras? —preguntó Marcos.

—Vale, perfecto… ¡Lía! —le gritó a su amiga, que parecía alejarse poco a poco—, ¿te importa que venga Marcos?

—Para nada. Pero ¡vámonos ya! —exclamó ansiosa.

Los tres jóvenes fueron en busca de la chica. Después de buscarla durante un buen rato lograron encontrarla.

—¿Qué pasa, guapa? ¿Cuántas vais a querer? —le preguntó la chica a Lía.

—Dame una —le contestó ella.

—Espera que se la pido a mi novio. Es él quien las tiene.

Media pastilla era para Marcos y la otra mitad era para repartirla entre ella y Ainhoa.

Cuando la chica volvió, Lía y ella hicieron el intercambio. Lía le dio seis euros y su amiga la pastilla.

—Muchas gracias, nena.

—De nada, para eso estamos. Ya me cuentas qué tal os va y si quieres más, ya sabes dónde estoy.

—Vale. ¡Adiós, guapa!

Una vez conseguida la pastilla, fueron a una calle que estuviera más o menos solitaria y un poco más escondida. Lía la partió por la mitad, le dio una de las mitades a Marcos. El adolescente, sin pensárselo ni un solo segundo, se la metió en la boca y con un sorbo de lo que estaba bebiendo, se la tragó.

Lía volvió a partir por la mitad el otro pedazo que quedaba. Le dio un cuarto a Ainhoa y el otro se lo quedó ella, e hizo lo mismo que Marcos. Se la metió en la boca, dio un buche a su bebida y se la tragó.

Sin embargo, Ainhoa se quedó mirando el pedacito que tenía en su mano. Miró a Marcos, a continuación, miró a su amiga y se quedó pensando.

—No te lo pienses. Si lo piensas tanto al final no te la tomas —la animó su amiga.

—¡Vamos! Que nos dan las uvas, muchacha —remató diciendo Marcos.

Ainhoa cogió aire y le pidió el vaso a Lía, ya que ella no estaba bebiendo, se metió el cachito de pastilla en la boca, dio un sorbo y se la tragó.

Acto seguido fueron en busca del resto de amigos. Una vez los encontraron, cambiaron de lugar de asentamiento. Se dirigieron a la plaza, donde había más gente todavía, pero había más espacio.

Pasada una media hora, comenzó a hacerle efecto a Ainhoa el trozo de pastilla que se tomó. Se sentía muy bien, como flotando. En ese instante desaparecieron los problemas como por arte de magia. Solo existía el presente, vivía el momento, nada más le preocupaba. Solo estaban ella, su queridísima amiga y Marcos. Ni si quiera el resto de amigos le importaba.

—¿Qué te dije? —le preguntó Lía.

—Tenías razón. ¡Me encanta! —gritó Ainhoa con una sonrisa que lucía de oreja a oreja.

—¿Quieres que vayamos a por más?

—Vale. No creo que pueda pasar nada malo, ¿no?

—Claro que no. Si no te ha sentado mal este cachito, ya no creo que te pase nada.

—Pues entonces vamos a por otra. Pero esta vez media pastilla para cada una.

—Estás a tope, ¿eh? —Lía se asombró de la contestación de su amiga.

—¡Ya! ¡De perdidos al río! —contestó Ainhoa eufórica.

—¿Tú también vas a querer más? —le preguntó Lía a Marcos.

—Claro que sí. Lo que sea por estar bien al lado de mi niña —respondió Marcos dirigiéndose a Ainhoa que, a su vez, la rodeaba de la cintura atrayéndola hacia él.

Los tres chicos fueron de nuevo en busca de la amiga de Lía.

—¿Otra vez por aquí? ¿Queréis más?

—A eso venimos, pero esta vez danos dos.

—¿Dos? —le preguntó Ainhoa a Lía— ¿Estás loca? Yo solo quiero media.

—No te preocupes. Una entera es para Marcos y la otra como acordamos: la mitad para cada una.

—Joder, te estás pasando —dijo asombrada Ainhoa, volviendo la cara y dirigiéndose a Marcos.

—¡Qué va! Yo controlo —presumió el chico.

—Estás muy loquito, ¿lo sabías? —le decía la joven dándole un beso en la boca—. Y tú —le dijo a su amiga, apartándose un momento de las fauces de Marcos—, una cosa te voy a decir… No te vayas a flipar y me vayas a dejar sola, ¿eh?

—Claro que no, tonta. Además, te recuerdo que me quedo en tu casa a dormir, que mañana salimos en la cabalgata.

—Vale, te lo digo porque no sería la primera vez que lo haces —puntualizó Ainhoa, recordando la jugarreta que le hizo su amiga hacía un tiempo.

Un día, mejor dicho, una noche, esperando para entrar toda la pandilla en una discoteca, a Ainhoa no la dejaron pasar por ser menor de edad y a todos los demás, sí, incluida a Lía.

Su amiga accedió al local con la excusa de que iba a entrar un ratito porque estaba un chico que le gustaba, y que saldría enseguida. Y la dejó allí, fuera del recinto, tirada como una colilla. Aunque no se llegó a quedar sola, gracias a dos de sus amigos, Abraham (su ex) y Bryan.

Abraham, después de lo que pasó cuando Ainhoa volvió a la pandilla, hizo como si no hubiera pasado nada. Borrón y cuenta nueva, o eso decía él. Y con Bryan, Ainhoa estaba muy encariñada, por no decir enamorada. Era más bien un amor platónico. Él tenía novia, precisamente la hermana de Abraham. Antes de estar con ella, Ainhoa le dijo lo que sentía por él, pero su contestación fue muy clara. Según Bryan, la quería muchísimo, pero como su amiga que era, nada más. Ainhoa intentó pasar página, pero nunca lo llegó a conseguir del todo, siempre tenía una mínima esperanza. Hasta que Marcos se quedó soltero y, por el momento, se le pasó un poco el cariño especial que le tenía a Bryan.

De lo que no se olvidó Ainhoa fue de esa noche. Se lo perdonó a su amiga, pero jamás lo olvidaría.

—Ya te pedí perdón por aquello y te dije que no volvería a ocurrir. Confía en mí, ¿vale?

—Vale. Yo solo te lo recuerdo. Pero si me dices que confíe en ti, confiaré —murmuró envuelta en el cálido éxtasis de emociones que la atrapaban en ese momento.

Aclarado todo, volvieron a la calle donde fueron anteriormente a consumir las pastillas.

Realizaron el mismo proceso que anteriormente, pero esta vez Ainhoa no se lo pensó tanto. Cogió directamente el vaso de Lía, se metió la media pastilla en la boca, dio un buche y se la tragó.

En total, Marcos se tomó una pastilla y media, y Lía y Ainhoa la misma cantidad: tres cuartos de pastilla.

Seguían riendo, cantando, bailando. Marcos se acercaba cada vez más a Ainhoa. Abrazados, se besaban y les daba igual quienes estuvieran a su alrededor e, incluso, en ese momento, no pensaban si le molestaría a Ruth lo que estaban haciendo que, por cierto, no se había enterado aún de que estaban medio liados.

Decidieron ir a la zona de discotecas que había a unos quince minutos a pie de donde se encontraban.

Cuando se dispusieron a andar, Ainhoa empezó a notarse rara. Se estaba mareando. Lo veía todo borroso. Pasaba entre la multitud como a cámara lenta.

—Lía, me estoy encontrando muy mal. Tengo mareo y náuseas —balbuceó Ainhoa.

—Ainhoa, por favor, ¡no me asustes! —exclamó su amiga con cara de horror.

—Quiero vomitar.

—Vamos a llevarla a aquella calle, parece que hay menos gente —propuso Marcos.

Entre él y Lía, llevaron a Ainhoa un poco más alejada del barullo de gente.

—¿Cómo sigues? —le preguntó su amiga preocupada.

—Muy mal.

El rostro de Ainhoa cada vez se volvía más pálido.

—Métete los dedos en la boca y vomita. Así te vas a sentir más aliviada.

La joven le hizo caso a Lía y se introdujo los dedos en la boca para forzar el vómito.

Al cabo de unos minutos, Ainhoa lo echó todo, la pastilla incluida.

—Vamos a llevarla arriba a la murallita para que le dé el aire —aconsejó uno de los amigos que iba con ellos.

La llevaron allí y poco a poco se le fue pasando.

—¡Todo es culpa mía! No debería de haber insistido tanto. Debería de haberle hecho caso desde el principio cuando me dijo que no quería —se decía Lía en voz alta y entre sollozos.

Los demás la tranquilizaban diciéndole que no era culpa suya. Si ella no hubiera querido, no se habría tomado nada. Mientras, otros abanicaban un poco a Ainhoa. Parecía que iba mejorando.

Cuando ya parecía algo mejor, la pusieron en pie para ver si podía mantenerse y seguir andando. Una vez de pie, se confirmaba su mejoría y continuaba la noche.

El vecino de Ainhoa, Frank, se pasó por allí para ver a Lía.

Ainhoa, Marcos, Lía y Frank se fueron a las discotecas.

Los porteros de dichas discotecas, al ver el aspecto de Ainhoa, no les dejaban entrar. Ella ya se encontraba mejor, pero su rostro decía todo lo contrario.

Como no pudieron entrar en ninguna, se marcharon cada uno a su casa, menos Lía, que se quedó a dormir en casa de Ainhoa, como ya habían planeado la tarde del sábado.

★★★

A la mañana siguiente, cuando se despertaron las dos amigas, se miraron y resoplaron.

—¿Qué hice anoche? —lanzó la pregunta al aire Ainhoa—. Y no solo eso, sino que lo hice por Marcos, para que no pensara que soy una cría.

—Ni me lo recuerdes. Me siento muy mal. Lo siento, tía.

—Si te soy sincera, no me acuerdo de nada. Solo hasta que empecé a vomitar. A partir de ahí… ¡Nada!

—¿No te acuerdas de que luego vino Frank?

—Te repito: no recuerdo apenas nada. ¿Me podrías refrescar la memoria?

—Pues, como te digo, vino Frank. Como ya parecías estar algo mejor, o eso decías tú, fuimos a las discotecas, pero cuando te vieron el careto, no nos dejaron entrar. Así que nos fuimos de allí. Empezó a llover y nos tuvimos que refugiar debajo de un techito hasta que escampara un poco. Cuando ya llovía algo menos, fuimos a por el coche de Frank. Acercó primero a Marcos a su casa y luego nos trajo a nosotras hasta aquí.

—Joder, parece como si me estuvieras contando lo que le pasó a otra persona. No me suena nada de lo que me has dicho.

—Bueno, tranquila. Seguro que lo terminarás recordando.

—Eso espero. Me siento muy rara teniendo esta laguna mental, aparte de sentirme mal por lo que hice, y aún más sabiendo que lo hice por un tío. ¡Que estúpida he sido! —lamentaba la joven.

«Nadie tiene dominio sobre el amor,
pero el amor domina todas las cosas».

Jean de la Fontaine

Era domingo y, como ya sabían, tenían que salir en la cabalgata. Anna, ajena a todo lo que pasó esa madrugada, les preparó un puchero bien calentito.

Una vez terminaron de comer, se metieron en la habitación de Ainhoa, que la compartía con su madre desde que su padre se fue de la casa.

—No tengo nada de ganas de salir en la cabalgata —murmuró Ainhoa cansada.

—Yo tampoco —le contestó Lía—. ¿Pasamos de salir?

—Creo que va a ser lo mejor.

En ese momento entró Anna en la habitación.

—¿Aún estáis así? Falta poco para que salga la cabalgata y vosotras aquí sin vestiros. Vaya dos… —les dijo a las chicas, poniendo los ojos en blanco.

—No tenemos muchas ganas de salir, mamá. Estamos muy cansadas de anoche.

—Claro. Noches alegres, mañanitas tristes —dijo Anna con sarcasmo—. ¡Vamos! Cualquiera diría que tenéis dieciséis y diecisiete años. Parece que tengáis cuarenta y tantos. Vestíos y salid a disfrutar. La vida son dos días y uno está lloviendo. Aprovechad las oportunidades que os da la vida.

Se lo pensaron mejor y de un salto se levantaron de la cama en la que se habían recostado anteriormente. Empezaron a ponerse los disfraces, maquillarse, peinarse, etc.

Una vez listas, salieron a la calle y para asombro de ambas... ¡estaba lloviendo!

—Da igual, vamos a ir a ver si sale o no. A lo mejor escampa en media hora —dijo Ainhoa muy convencida.

—Te ha animado lo que te ha dicho tu madre, ¿no? Anda, vamos. No perdamos más tiempo.

Comenzaron a andar a paso ligero, hasta que llegaron al sitio. Una vez allí, esperaron una media hora. Pasada esa media hora, les comunicaron que se anulaba todo. No paraba de llover y no tenía indicios de que escampase.

Las dos amigas, desilusionadas, se volvieron por donde mismo vinieron.

Para romper el hielo, Lía interrumpió el silencio que llevaban en el camino de vuelta.

—Pues sí que tenía razón tu madre. La vida son dos días y uno está lloviendo.

Ainhoa la miró muy seria y no pudo aguantar la carcajada.

Las dos amigas estuvieron riéndose y diciendo chorradas hasta llegar a casa de Ainhoa.

«La felicidad se halla repartida mucho más equitativamente de lo que nos figuramos».

Carl Caleb Colto

Capítulo 5

Después del desastroso fin de semana, pasó el lunes, el martes, el miércoles, y no fue hasta llegar el jueves que se puso interesante la situación. Un jueves muy importante para Ainhoa.

Estaba con Lía en la calle. Eran entre las cinco y las seis de la tarde. Le comentó que esa noche había quedado con Marcos para ver una película en su casa, aprovechando que estaba solo. Su madre no estaba y su hermano tampoco iba a estar.

Ya sabían las dos amigas que no iba a ver solo una película, que pasaría algo más.

Ainhoa estaba muy nerviosa y le pidió algunos consejos a su mejor amiga, con más experiencia que ella en estos temas.

—No sé qué hacer, ni cómo comportarme. ¿Qué hago? —Ainhoa demandaba atención urgente de su amiga.

—Estar relajada y dejarte llevar —le contestó Lía con mucha parsimonia.

—¿En serio? ¿Solo me vas a decir eso?

—Es que es lo único que tienes que hacer. Marcos sabe que eres virgen. Él no lo es. Estate tranquila, que no te va a obligar a hacer nada que tú no quieras hacer, y él mismo, si le gustas de verdad, te tranquilizará un poco. Hazme caso. De esto sé un rato —le susurró con cara de picarona.

—Bueno, tú lo has dicho, sabes de esto más que yo, así que intentaré relajarme.

Cuando dieron las nueve de la noche, Marcos fue a buscar a la joven donde estaba con Lía y más amigos. Ya no le importaba mucho lo que dijeran los demás e incluso si se enteraba Ruth.

Ainhoa se montó en la moto y se fueron a casa del muchacho.

Una vez llegaron allí, se fueron a su habitación y se pusieron cómodos en la cama. Marcos puso la peli que iban a ver: una película sobre motos.

A la media hora de empezar el film, Marcos empezó a besarla. La besaba en los labios, luego se deslizaba por sus mejillas hasta llegar al cuello. Poco a poco el ambiente se caldeaba y subía más la temperatura. Hasta que Marcos interrumpió el momento con una pregunta:

—¿Estás preparada?

—Creo que sí.

—Entonces, ¿probamos?

—Vale —le respondió Ainhoa con voz temblorosa.

Él comenzó a quitarse la ropa. Luego fue quitándosela a ella, lentamente. Todo ello mientras se besaban. Apasionadamente. Hasta que llegó el momento…

Mientras lo hacían, Ainhoa quería que terminara de una vez. No le estaba gustando nada. Estaba incómoda, le estaba doliendo. Pero hizo un esfuerzo. Era lo que él deseaba y ella quería complacerlo, lo último que quería era espantarlo. Y ya le habían comentado en más de una ocasión que la primera vez era siempre muy rara y casi nunca le gustaba a nadie. Ya después será mejor, pensaba la jovencita.

Una vez terminaron, Ainhoa se quedó mirándole pensativa, con una sonrisilla en la boca.

—¿Qué tal? ¿Qué te ha parecido? —le preguntó Marcos.

—Bien, pero después de esto, ¿qué va a ser de nosotros? —le preguntó Ainhoa algo atemorizada.

—Tranquila, todo lleva su tiempo.

—Pero no me dejarás, ¿verdad? No he sido un simple polvo, ¿no?

—Claro que no. Si no, no te hubiera insistido y no hubiera dejado que perdieras la virginidad conmigo.

—Vale. Confiaré en ti.

Aunque le dijera que confiaba en él, la chica tenía un cierto recelo.

★★★

Al día siguiente, como ya suponía, no la llamó.

Era viernes y, como buena entrada del fin de semana y terminando el carnaval, Ainhoa iba a salir a bailar con su amiga. Esta vez se quedaba en casa de Lía a dormir.

—Alegra esa cara, por favor —le rogó Lía a la joven.

—No puedo, Lía. Lo sabía, sabía que iba a pasar esto y yo me dejé llevar. ¡Joder! Qué imbécil soy.

—¡Ya está bien! Mira, se acabó. Él es el que se lo pierde. ¡Que le den! Mírate, Ainhoa, con lo que tú vales, ¿te vas a calentar la cabeza por un tío?

—No me caliento la cabeza solo por eso, Lía. Que he perdido mi virginidad, joder. ¿Te parece poco? Claro, perdona, que tú ya la perdiste y estás acostumbrada a esto.

—Claro que la perdí, pero a esto nadie se acostumbra. Por mucho que me haga la dura, yo también sufro, pero intento no agobiarme tanto. Aprende a hacer lo mismo tú. Este no es el primer capullo que te va a dejar tirada. Así que, ya sabes. Déjame que te pinte un poco, ponte guapa, y vámonos a bailar y a olvidar las penas con música —le dijo su amiga intentando animarla.

—Gracias, y perdóname por lo que te he dicho. Pero me ha dolido mucho que pase de mí después de lo de ayer.

—No te preocupes. Perdóname tú a mí. Sé que la primera vez no es fácil, y menos si te hacen esto.

—Bueno, dejemos las penas a un lado como bien has dicho, y vámonos a la calle. ¡Quiero bailar hasta reventar! —exclamó Ainhoa, haciéndose la fuerte delante de su amiga.

—¡Esa es la actitud!

«Amarse a uno mismo es el principio
de una historia de amor eterna».

Oscar Wilde

Un par de horas después, se fueron a su discoteca favorita. Y como bien dijo Ainhoa, bailaron sin parar. Bailaban, bebían, reían. Hasta que llegaron cuatro o cinco amigos suyos.

Salieron fuera un rato para airearse.

—¿Dónde están los demás? —preguntó Lía, no porque le interesase, sino para intentar sonsacarles dónde estaba Marcos, por hacerle un favor a Ainhoa. Aunque no estaba segura de si era un favor o más bien iba a perjudicarla y provocar que se agobiara más aún.

—Pues han ido a casa del padre de Marcos —contestó Abraham.

—¿Y no os han avisado? —preguntó Lía, mientras miraba de reojo a Ainhoa.

—No, y por lo que veo a vosotras tampoco, ¿no? —recalcó Abraham.

—Pues no. Es la primera noticia que recibimos. Ya le vale.

—Pues allí están, y lo que más raro me ha parecido es que Ruth también iba a ir.

Lía miró a Ainhoa al momento. Ella le devolvió la mirada, pero enseguida se la quitó. Se alejó un poco y se echó a llorar. Lía fue corriendo a su lado a consolarla, o por lo menos a intentarlo.

Abraham, aunque aceptara seguir siendo amigo de Ainhoa, se quedó bastante mal después de que ella lo dejase. No había vuelto a tener novia desde entonces. Había intentado olvidarla, pero no lo consiguió. Abraham seguía enamorado de ella. De esto Ainhoa no sabía nada, pero no era tonta y algo se olía.

Ainhoa se calmó un poco, después de que su amiga la tranquilizara y criticara a ese capullo para que se sintiera mejor.

Eran las cuatro de la madrugada y ya estaban cansadas. Se despidieron del resto de amigos. Ainhoa le dio las gracias a Abraham por contarle todo y se fueron a casa de Lía a dormir.

★★★

A la mañana siguiente, Ainhoa se sentía muy agobiada. La noticia que le dieron de Marcos no le gustó nada.

Por la tarde, se fueron las dos a dar una vuelta en la moto de Ainhoa. Pararon un rato para poder fumar tranquilas, y no tabaco precisamente.

—Nos fumamos esto y nos vamos para mi casa, ¿vale? —le dijo apenada Ainhoa a su amiga.

—Sí, no te preocupes. Hace buen tiempo, así que mañana saldrá la cabalgata y esta vez no nos lo pensamos. Hay que salir, sí o sí —exigió Lía.

Ainhoa asintió con la cabeza.

Una vez terminaron de fumar, se montaron en la moto, Ainhoa la arrancó y se dirigieron a su casa.

Cuando llegaron, cenaron unas pizzas y, después de un par de cigarrillos, se metieron en la cama a dormir. Esa noche no querían salir, reservándose para el día siguiente. Aunque fuera sábado, día de salir y bailar, no querían liarla como el fin de semana anterior.

Y llegó el día tan esperado por las chicas. Se levantaron tarde, justo para sentarse en la mesa a almorzar. Cuando terminaron, se metieron en la habitación de Ainhoa, se pintaron, vistieron, peinaron, todo ello entre risas de nerviosismo.

—Joder, y ahora tengo que ver a Ruth. ¿Con qué cara la voy a mirar? —dijo Ainhoa agobiada.

—Tranquila. No te va a decir nada, hazme caso. Y si te saluda, pues le saludas tú también y listo.

—No sé si estoy nerviosa por salir en la cabalgata o por tener que verla a ella.

Terminaron de arreglarse, salieron a la calle y fueron directas al mismo sitio donde estuvieron el domingo pasado.

Cuando llegaron, miraron a un lado y a otro, pero no estaba Ruth.

—A lo mejor se ha arrepentido y no viene —comentó Ainhoa con una voz esperanzadora.

—No lo creo. Esta se apunta a un bombardeo y más si es para bailar y exhibirse.

—Vamos, como tú y yo —dijo mofándose.

Se rieron a carcajadas, sobre todo porque estaban echas un flan por los nervios, aunque les duró poco la risa. Lía se quedó seria de repente; Ainhoa, al verla, también dejó de reírse.

—No jodas. Ha llegado ya.

—Si te pido que no mires, no me vas a hacer caso, ¿verdad?

Nada más decirle eso su amiga, Ainhoa se volvió, y los vio, a los dos. Ruth muy feliz, sonriendo, y a su lado Marcos sujetándole la chaqueta.

A Ainhoa le cambió la expresión de la cara.

—Tranquila, ¿vale? —le dijo Lía—, caso omiso de lo que estás viendo. Este es nuestro momento. Tú y yo. Vamos a disfrutarlo.

Ainhoa respiró hondo.

—Vale, te hago caso. Nuestro momento. A darlo todo.

—¡Eso es! Así me gusta. Tienes que ser fuerte y que vean que no te importa esta situación.

Los jefes le dijeron a cada una dónde tenían que colocarse en la carroza. A Ruth la pusieron en medio y un poco más arriba que las demás. Ainhoa y Lía en uno de los lados, más abajo, pero las pusieron juntas.

Arrancó la carroza, pusieron música y Ainhoa se dejó llevar. Comenzaron a bailar, sin parar, como si no hubiera un mañana.

Por el camino se iban encontrando a Marcos, que seguía la carroza. Ainhoa lo ignoraba. Cuando escuchaba música, se sumergía en otro mundo, se trasladaba a otro lugar. Decía que mientras escuchara música, nunca se sentía sola, que era la única que jamás le había fallado, que todos deberíamos tener una banda sonora que nos siguiera a todas partes para cada momento de nuestras vidas, y que siempre había alguna canción que le recordaba a algo o alguien, y eso le encantaba, ya fuera algún recuerdo bueno o malo, o alguna persona con la que se llevara bien o mal.

> *«El que oye música siente que su soledad se puebla de repente».*
>
> Robert Browning

Ainhoa era una chica lista y sabía que Marcos miraba a Ruth, pero tampoco le quitaba ojo a ella. Sabiendo que él la miraba, se engrandecía más y más, se movía mejor por momentos.

Cuando ya finalizó el recorrido de la cabalgata en el puerto pesquero, les esperaba Frank a las dos amigas.

Marcos también estaba, pero él esperaba a Ruth.

Una vez bajaron de la carroza, se fueron hacia donde estaba Frank. Lía le dio un beso a este.

Ruth se fue hacia donde estaba Marcos y él le puso su chaqueta por los hombres. Ainhoa se quedó un poco rezagada.

—Anda, vámonos de aquí —propuso Lía abrazando a Ainhoa.

—Sí, por favor. Vamos a ver los fuegos artificiales —susurró Ainhoa con voz triste.

Se montaron las dos en el coche con Frank y se fueron a la playa, donde echaban los cohetes.

Antes de marchar a la playa, Lía se enteró de que los demás se iban a otra parte de la playa a ver los fuegos artificiales.

Cuando llegaron a la playa, Frank aparcó el coche arriba de esta, en el paseo, y se quedaron allí junto al vehículo. No quisieron bajar a la playa.

Ainhoa estaba muy dolida. Lía le dijo lo que escuchó. La joven se echó a llorar. Lía y Frank intentaron animarla un poco, pero ya no había frase que le levantara el ánimo, ni risa que le hiciera alegrar el rostro. Lo único que le salía eran lágrimas de sus tristes ojos.

Cuando terminaron los fuegos, Frank y Lía la llevaron a su casa. Al llegar, Ainhoa se metió en la cama, y solo pensaba en lo feliz que fue los días en los que estuvo con Marcos, y ya, de repente, se acabó todo.

Quería quedarse dormida y no despertarse jamás.

★★★

Pasaron unos días, incluido el día de su decimoséptimo cumpleaños que, por cierto, no hizo nada para celebrarlo. Se limitó a estar en su casa con su madre y su abuela, le compraron una tarta para que soplara las velas y le hicieron un regalito.

Lía la llamaba intentando consolarla, pero no podía. Ainhoa se resistía a estar bien. No sabía nada de Marcos, como si se lo hubiera tragado la tierra.

★★★

Una semana después, estando en su casa tranquila, pensando, dándole mil vueltas en su cabeza a todo lo ocurrido, le sonó su teléfono móvil. Lo cogió con tranquilidad. Ainhoa creía que era su amiga de nuevo, intentando darle ánimos, pero para su asombro, no era Lía. Era un mensaje de Marcos. Se quedó fría, pálida, inmóvil por milésimas de segundo. Reaccionó enseguida y comenzó a leer. Le pedía perdón por todo lo sucedido, que no quiso hacerle daño y que la echaba de menos.

Ainhoa, le respondió antes de contárselo a su amiga. Siempre le comentaba todo a Lía primero y esperaba su consejo, pero esta vez fue diferente. A pesar de haberlo pasado tan mal, a pesar de todos los consejos que le había estado dando su amiga todos estos días atrás y a pesar de lo que su conciencia le decía, le dijo a Marcos que le había dolido mucho lo que hizo, pero que también lo echaba muchísimo de menos. Y, por supuesto, que lo perdonaba.

Después de contestarle a Marcos llamó a Lía y se lo contó. La amiga le dijo que fue muy tonta al haberle contestado y aún más perdonándole así de fácil. Ainhoa le dijo que lo sentía, pero no podía estar sin él.

—Ainhoa, escúchame. Haz lo que tú veas conveniente, pero déjame decirte que una persona que es así, no cambia. Quien lo hace una vez, lo hace dos y lo hace tres. Ten cuidado con encapricharte de él. No es una persona que juegue limpio. Solo te aconsejo —replicó Lía algo enfadada.

—Ya, lo sé. Pero quiero darle un voto de confianza. Si me lo vuelve a hacer, se acabó.

—A mí me da igual. No se trata de mi vida, pero sí de la tuya. Y como amiga mía que eres, no me gusta verte tan mal como has estado hasta hoy mismo antes de recibir el mensaje.

—Gracias, nena.

Ainhoa y Marcos volvieron a quedar para hablar de lo ocurrido. Él la citó en su casa. La joven fue sin dudarlo. Cuando llegó le dio un par de besos en las mejillas, nada de beso en los labios. Ainhoa quería saber primero por qué no la llamó más y si pasó algo entre él y Ruth la noche que quedaron en casa de su padre.

—No te llamé más porque empecé a echar de menos a Ruth. Volví a quedar con ella, como ya te dijeron, en casa de mi padre, pero no solo quedé con ella, sino con más gente —le explicaba Marcos.

—Ya, con más gente menos con Lía y conmigo —le interrumpió Ainhoa enfadada.

—¿Me dejas terminar? —se impuso el joven.

—Sí, claro.

—Pues, como te iba diciendo, vinieron varios a casa de mi padre y lo que hacíamos era beber, fumar y con la música puesta.

—Pero a mí me da igual los demás, lo que quiero saber es si pasó algo entre tú y Ruth —volvió a interrumpir Ainhoa.

—No. No pasó nada.

—Entonces, ¿por qué me dijeron que estuvisteis arriba en la cama?

—Es verdad, estuvimos en la cama tirados, pero solo nos besamos un par de veces. No hubo nada más como tú piensas.

—Y, ¿tengo que creerte? —le preguntó Ainhoa.

—Ese es tu problema. Yo te he dicho lo que pasó. Si me quieres creer o no, es cosa tuya —respondió Marcos con frivolidad.

—Bueno, vale. Te creeré. Pero solo porque me gustas mucho y te he echado mucho de menos.

—Yo también te he echado de menos; si no, no te hubiera mandado ningún mensaje.

Resueltas las dudas, empezaron a besarse, apasionadamente y volvieron a hacer el amor. Para Ainhoa era la segunda vez en su vida que lo hacía; para Marcos también era la segunda vez, la segunda vez con ella.

Esta vez, le gustó un poco más a ella. Como pensaba, esto era cosa de tiempo y de ir poco a poco, hasta que le cogiera el gusto, nunca mejor dicho.

★★★

Pasado un mes y medio, no tenían nada claro aún. Ainhoa no sabía si tenían algo serio o solo era un rollo, así que se armó de valor y le preguntó a Marcos. Tuvieron una pequeña conversación, de menos de cinco minutos y llegaron a la conclusión de que empezaban una relación. A partir de entonces se presentaban ante todos como pareja.

Sin embargo, Lía ya se dejó de ver con el vecino de su amiga, Frank. Pero ella parecía más fuerte, o eso quería hacer ver a todo el mundo.

Capítulo 6

Pronto llegaba una concentración de motos gigantesca. Marcos ya preparaba su moto para ello.

Iban todas las tardes a casa de Lucas, uno de los amigos que se incorporó recientemente al grupo, el cual también preparaba su moto para dicha concentración. Tenían allí sus motos desmontadas, listas para pintar.

Por las mañanas, Ainhoa iba al instituto. Ese año era el último para terminar la secundaria si lo aprobaba todo. Mientras ella estaba en clase, Lía se escaqueaba de las suyas para poder irse a casa de Marcos y ayudarlo en los últimos retoques de su moto.

Cuando Ainhoa terminaba las clases, también se iba a casa de su novio. No le gustaba mucho eso de que su amiga fuera a casa de Marcos todas las mañanas. Desde que pasó aquello con Ruth, y con la fama que le precedía al chico, no se fiaba mucho de él. Aunque se paraba a pensar y se trataba de su mejor amiga. Si el joven llegara a intentar algo con ella, ella le pararía los pies. Sin embargo, también conocía la reputación de su amiga. Pero no quería ponerse en lo peor y, como siempre era tan confiada y no tenía maldad alguna, confiaba en ambos.

Ainhoa, como buena amante de la música y del baile, se apuntó con una compañera de su instituto a clases de funky. Todas las tardes iba a casa de Lucas con su novio, Lía, Abraham y un par de amigos más, excepto los días que tenía las clases de baile, que iba con su compañera Sarah.

*«La música es para el alma lo que
la gimnasia para el cuerpo».*

Platón

Una vez terminaba la clase se iba a casa del Gordo, que así era como llamaban a Lucas.

Transcurrió así un par de semanas, hasta que llegó el gran día tan esperado, el día de la concentración, un sábado por la noche.

Ainhoa iba con Marcos y Lía, con Lucas. Solo fueron ellos cuatro, los demás fueron aparte. Arrancaron las motos, se colocaron los cascos y se pusieron en marcha.

Tardaron una media hora en llegar. La concentración era en un pueblo bastante grande de la provincia.

Fueron directos a una de las calles principales donde se ponía la gente con sus motos a hacer piruetas, caballitos, invertidos, quemar ruedas, etc.

Una vez llegaron a dicha calle, buscaron un hueco donde dejar a las chicas, mientras ellos se movían por allí con sus motos como peces en el agua. No tuvieron que buscar mucho, encontraron enseguida un sitio para que se acoplaran las dos amigas.

Marcos era el más interesado en hacer cosas con su moto. Lucas no sabía hacer mucho, lo único que dominaba un poco mejor era la velocidad, las carreras. Para eso estaba preparada su moto, no para «hacer el gilipollas», como a él le gustaba llamarlo.

Una vez asentadas las dos chicas y Lucas, Marcos comenzó a dar vueltas de un lado a otro, sin parar, haciendo caballitos con su moto.

—Que bien lo hace, ¿verdad? —le decía Ainhoa a Lía.

—¿Quieres que te ponga un cubo debajo para las babas? —comentó Lía irónicamente.

—Que tonta eres. No estoy tan colada por él como piensas —murmuró Ainhoa sonriendo un poco.

—Ahora me toca reír a mí, pero de verdad —acto seguido soltó una risotada falsa—. No seas tonta tú. Se te ve a leguas que te derrites por sus huesos.

—A ver, me gusta, claro que sí. Pero tampoco es para exagerar de esa manera. Aunque…

—Reconócelo, tía. No es malo reconocer eso. Lo que sí que es malo es sufrir por alguien. Sabes a lo que me refiero, ¿no?

—Que sí, pesada —contestó Ainhoa resoplando.

—Vale. Yo lo que no quiero es verte otra vez mal.

—No te preocupes. No volverás a verme más así. Te lo prometo.

—Eso espero. Y ahora, cambiando de tema…

—Odio escucharte decir esa frase —confesó Ainhoa poniendo los ojos en blanco.

—¿Por qué? —le preguntó Lía desternillándose de risa.

—Porque te conozco demasiado y sé que algo chungo vas a decir.

—Que lista eres… Pues sí.

—A ver, larga por esa boca —volvió a resoplar Ainhoa.

—Mira lo que me he traído —dijo Lía metiéndose la mano en uno de sus bolsillos y sacando una bolsita blanca.

—¡¡No me jodas, Lía!! No creo que sea lo que creo que es, ¡¿verdad?! —exclamó Ainhoa quedándose boquiabierta.

Esa misma tarde, Lía y Lucas quedaron con un amigo que conocían. El motivo por el cual quedaron con ese amigo era para pillarle medio gramo de cocaína.

Lía no le comentó nada a su amiga porque sabía que iba a poner impedimentos. Pensó que lo mejor era decírselo cuando estuvieran todos juntos, y así hizo.

—Tranquilízate. Esto es para Lucas y para mí. Marcos creo que también querrá. Esta vez te prometo que no te voy a intentar convencer de nada. Aún recuerdo la última vez que lo hice y no sabes cuánto me arrepiento de aquello. Así que, te toca a ti solita tomar la decisión.

—Joder… —fue la única respuesta de Ainhoa, por el momento.

Lía llamó a Marcos a chillidos, ya que con el ruido de los motores no se oía casi nada. Marcos paró la moto al lado de ella.

—¿Vas a querer? —le preguntó Lía enseñándole la bolsita a escondidas.

Marcos miró la bolsita, luego miró a Ainhoa, volvió a mirar la bolsita y terminó mirando a Lía.

—Espera que aparco bien la moto —le contestó él, afirmando así la pregunta.

Una vez aparcada la moto, se dirigieron los cuatro, Ainhoa incluida, al fondo del lugar donde estaban, un poco más escondidos.

Se pusieron en un bidón de basura de los pequeños, de color verde. Lía sacó la bolsita, la abrió y Lucas le dejó su carnet de identidad para que sacara la cantidad que hiciera falta para los tres.

Ainhoa no dijo que quisiera probarla, pero tampoco dijo que no. Solo observaba callada.

Cuando Lía saco lo justo, comenzó a hacer tres rayas, una para cada uno.

—¡Espera! —interrumpió Ainhoa.

—¿Qué pasa? —le preguntó su novio.

Ainhoa miró a su amiga y luego miró las rayas, muy bien colocadas encima del bidón de basura.

—Espera, saca un poco más.

—¿Quieres? —le preguntó su amiga.

—Sí —respondió Ainhoa con voz seca.

—¿Estás segura? —le volvió a preguntar Lía.

—¡Qué sí, joder! Pero la mitad o menos de lo que estás poniendo ahí en cada una.

—Vale. Te pongo un fisquito —le dijo Lía, como si llevara muchos años haciendo ese tipo de cosas.

Cogió un poco más, muy poco, y lo puso encima del bidón. Cerró la bolsita y se lo metió en el bolsillo. Volvió a repartir las rayas. Esta vez cuatro, bueno, tres y media.

Marcos sacó de su cartera un billete de cinco euros. Lo enrolló con sumo cuidado y se lo pasó a Lía.

—No, empieza tú —le dijo ella devolviéndoselo.

Marcos lo cogió, se colocó un extremo del billete en el orificio derecho de la nariz, se acercó a una de las rayas tendidas en el bidón y aspiró con fuerza, hasta que no quedó ni rastro de ella. Se tocó un poco la nariz y le pasó el billete a Lucas. El Gordo realizó la misma operación que Marcos. Una vez liquidada otra raya, le pasó el billete a Lía.

—No. Te toca —dijo Lía dirigiéndose a Ainhoa.

Ainhoa la miró, suspiró y cogió el billete.

—Antes de que lo hagas, por última vez, ¿estás segura? —le preguntó Lía preocupada.

Ainhoa, sin mediar palabra, se acercó al fisquito que le había puesto su amiga allí encima del trasto y se lo metió por la nariz.

—Bueno, ya me he calmado mi curiosidad —dijo la joven mirando a uno por uno.

—Muy bien. Dame ese billete, que me toca a mí —le ordenó Lía.

Ainhoa se lo pasó, y la amiga se metió la raya que quedaba.

Una vez terminaron todos, Marcos guardó su billete y Lucas, su DNI, y se dirigieron al sitio donde tenían las motos.

Marcos montó en la suya, la arrancó y siguió «haciendo el gilipollas».

Pasada una media hora, Lía le preguntó a Ainhoa:

—¿Cómo te encuentras?

—Ahora mismo, bien. No te preocupes. Si me empiezo a encontrar mal, te aviso.

—Sí, por favor. No quiero pasar otra vez la angustia que pasé en carnaval.

Siguieron animando a Marcos y a todos los demás moteros que había por allí.

Uno de ellos, al que no conocían de nada, le dijo a Lía que se montase en la parte delantera de su quad. La chica no se lo pensó dos veces y se montó. El muchacho se puso a hacer el caballito con Lía montada donde él le dijo. En uno de los caballitos que hizo el chico, Lía lo besó en la boca, y todos empezaron a gritar animándoles, Ainhoa incluida. El desconocido terminó de hacer su caballito y cuando terminaron de besarse, Lía se bajó del vehículo, riéndose.

—Estás muy loca, ¿lo sabías? —insinuaba Ainhoa.

—¡Sí! Lo sé. Pero, ¿has visto lo bueno que está ese tío? —le respondió eufórica su amiga.

—Ya lo he visto, como también estoy viendo que no eres a la única a la que monta en su burra —le dijo Ainhoa señalando al muchacho.

Lía miró y lo vio montando a otra chica de la misma forma en la que le dijo a Lía que se montara.

—¡¡Hijo de puta!! —gritó Lía enfurecida.

—No te alteres, lo acabas de conocer. ¿Qué más te da? —Ainhoa reía observando la situación.

—Llevas razón, pero es que son todos iguales de cabrones y cerdos.

—Claro, habló «la santa»… ¡Lía, por favor! Que te acabas de besar con un tío que no conoces y ¿estás diciendo que son todos unos cerdos? Eso te deja un poco en mal lugar, ¿no crees?

—Bueno, mirándolo así…

—Tienes que centrarte un poco y no liarte con el primero que pase, literalmente. Es normal que luego no te tomen en serio. No te quejes entonces por ello —Ainhoa regañaba a su amiga, poniéndose un poco filosófica a consecuencia de la droga.

—Tienes razón. Pero ahora… ¡Que siga la fiesta!

Y como bien dijo, siguió la fiesta, aunque viera a ese muchacho que no conocía besando a la chica que subió después de que ella se bajara.

A eso de las cinco de la madrugada, decidieron emigrar de allí. Ainhoa se montó con Marcos en su moto y Lía con Lucas en la suya, y se fueron para sus casas.

Ainhoa se quedaba en casa de Lía a dormir, o eso creía su madre, pero, en realidad, se fue a dormir a casa de Marcos, sin que Anna supiera nada.

Una vez llegó la parejita a la casa, se metieron en la habitación y se echaron en la cama, pero no hicieron el amor a causa del efecto de la droga, o eso creía Ainhoa. Durmieron hasta el mediodía.

> *«La estupidez humana es la única cosa*
> *que nos da una idea del infinito».*
>
> Ernest Renan

Capítulo 7

Pasados unos días, después de la concentración de motos, los chicos seguían yendo a casa de Lucas por las tardes y Ainhoa a sus clases de baile con Sarah.

La joven, aunque por el momento estuviera feliz, seguía dándole vueltas en la cabeza a lo que ya le molestaba antes de la concentración. La amistad de Lía con su novio.

No sabía si era obsesión o era cierto lo que sentía, pero parecía que Marcos se estaba alejando poco a poco de ella. También veía que tenía más complicidad con su amiga que con ella misma.

No quería pensar nada malo, así que se relajó e, intentando no pensar mucho en el tema, continuó su relación sin decir nada, ni a su amiga, ni a su novio. Aunque sí que le comentó algo a su amigo Abraham. A pesar de lo que pasó entre ellos hacía dos años, se seguían llevando muy bien. Ainhoa se olía algo extraño y no era para menos. Como bien dice el refrán, cuando el río suena, agua lleva.

★★★

Al cabo de unos días, Marcos la dejó… La excusa fue que se había equivocado al empezar una relación seria. No sentía mucho por ella, o eso decía él.

Ainhoa, dolida, siguió con su vida y con sus clases de baile, pero dejó de ir a casa de Lucas. No le apetecía en esos momentos verle el careto al capullo de su, ahora, exnovio.

Sarah la intentaba animar diciéndole lo que a toda chica le hace falta escuchar cuando un chico la deja y no le conviene, que él no sabía lo que estaba perdiendo, que era un tonto si la dejaba escapar y que, por supuesto, había más peces en el mar. No era el único hombre del mundo, ni el mejor.

Lía, que ya se lo había advertido hacía poco tiempo, la animó poco. Su amiga sí seguía yendo a casa de Lucas con Marcos, Abraham y los demás. Esta vez parecía como si estuviera más del lado de Marcos que de Ainhoa.

Marcos quería liarse con Lía y a Lía no le disgustaba la idea. Eso era lo que a Ainhoa le rondaba por la cabeza, y Abraham pensaba lo mismo que ella. No sabía si era porque aún seguía sintiendo algo por Ainhoa o porque llevaba toda la razón y es lo que parecía en realidad. Por un lado, quería pensar que no parecía lo obvio. Ainhoa se agobiaría y no querría verla pasarlo mal. Pero, por otro lado, podría aprovecharse de la situación y ser el hombro donde poder llorar y, si hiciera un poco más de fuerza, podría llegar a algo más con ella, demostrándole que él la quería de verdad, no como el gilipollas de Marcos.

«Siempre se repite la misma historia: cada individuo no piensa más que en sí mismo».

Sófocles

Ainhoa no quería volver a pisar esa casa, y menos aún ver a Marcos tontear con su mejor amiga, y que su amiga se dejara llevar por la situación. Así que le pidió a Abraham, por favor, que los vigilara disimuladamente, y así lo hizo su amigo.

Un par de días después de lo sucedido, Ainhoa salía de su clase de baile y, despidiéndose de Sarah, le sonó el móvil. Era un SMS de Abraham que decía:

Están quienes tú y yo sabemos metidos en la cama.

Ainhoa, como era de esperar, se echó a llorar cuando terminó de leerlo. Sarah la vio e intentó calmarla.

—Ainhoa, ¡mírame! Respira hondo. ¿Qué te ha pasado? —le preguntó Sarah angustiada.

—Mira —le dijo Ainhoa mostrándole el SMS que le acababa de llegar.

—Bueno, supongo que los dos estos son Marcos y tu amiga, ¿no?

—Supones bien —le contestó Ainhoa entre sollozos.

—A ver, intenta tranquilizarte un poco.

—¡¡No puedo, joder!! Mi novio, bueno, mi exnovio, el que me ha dejado hace dos días, y mi mejor amiga… Mi mejor amiga. No me lo puedo creer. Esto no me está pasando a mí… ¡¡Joder!! —se repetía Ainhoa una y otra vez sin poder parar de llorar.

—Pero, ¿estás segura de que es verdad?

—Claro que sí. Confío en Abraham, por muy colado que esté por mí, él no me mentiría en algo así. Y sé que está allí, en casa de Lucas.

—Pues, te diría que fueras a casa de tu amigo a liarla y ponerte a chillar como una energúmena, pero ¿de qué te iba a servir? Lo mejor que puedes hacer es aguantarte un poco y no decirles nada a ninguno de los dos.

—¿¿Cómo?? —le preguntó Ainhoa sorprendida e irritada a la vez.

—Hazme caso. Actúa normal, como si no supieras nada. Es la única manera de ver si ella es tu amiga y tiene la decencia de contártelo, y así también ves la reacción que tiene cada uno contigo.

—Él no sé, pero ella me va a ver. Le acabo de mandar un SMS diciéndole que voy a su casa a las ocho de la tarde a recoger mi ropa.

—No deberías de haber hecho eso, pero ya que lo has hecho, aprovéchalo. No le digas nada, hazme caso, por favor. Habla con ella como siempre. A ver cómo se comporta ella contigo. ¿Me vas a hacer caso?

—Bueno, lo intentaré, pero no es nada fácil. Todo lo contrario. Es más, no voy a poder remediar estar seria. Se ha acostado con mi ex. Mi mejor amiga… Con mi ex… Aún sigo sin creérmelo.

—Vale, es evidente. No vas a poder recibirla con una sonrisa de oreja a oreja, pero tampoco estés muy seria, que crea que estás normal y que no sabes nada, pero, a la vez, que dude un poco.

—Vale. Te haré caso. Por cierto, gracias. Muchísimas gracias. Si no hubieras estado aquí diciéndome todo esto, ya hubiera ido a liársela a los dos, te lo aseguro.

—Bueno, no hace falta que me las des. Ya sabes que estoy aquí para lo que necesites, no solo para bailar.

—Gracias de nuevo. Y ahora, tengo que dejarte, voy a ir a casa de «mi amiga» a recoger mis cosas.

—Vale. Ten cuidado por el camino. No corras con la moto y ¡suerte!

—¡Hasta el jueves!

Ainhoa se dirigió a casa de Lía. Llegó antes que ella y tuvo que esperar un poco debajo de su casa.

Mientras respiraba hondo, dándole mil vueltas en la cabeza a todo lo que estaba pasando y pensando en cómo iba a actuar con Lía, lo escuchó. El estruendoso ruido del motor de la moto de Marcos. No se lo podía creer, la traía, a ella, en su moto. En ese momento estaba mirando al suelo, no quería levantar la cabeza. Quería irse de allí en ese mismo instante, desaparecer y no volver a verlos jamás, pero se acordó, en unas milésimas de segundo, de lo que le dijo su compañera de clase. Fue fuerte, levanto la cabeza, la giró y los miró. Poco a poco, se iban acercando a donde estaba ella, sentada en su moto, esperando.

—¡Hola! Que pronto has llegado —le dijo Lía, con voz temblorosa y una sonrisa de culpabilidad que hasta el más necio sospecharía de ella.

—Hola. He llegado antes porque tengo un poco de prisa. ¿Me podrías bajar mi ropa? Te la he pedido tan urgente porque mi madre se ha dado cuenta de que me falta ropa y, como me la paga ella, no quicre que esté en ningún lado, solo allí en mi casa. Ya sabes cómo son las madres de pesadas —le dijo Ainhoa excusándose por haberle pedido toda su ropa y que no sospechara de que ya sabía lo que había pasado hacía solo unas horas.

—Claro. No te preocupes, te la bajo enseguida.

—Vale. Aquí te espero.

Ainhoa se quedó abajo, junto a Marcos.

—¿Qué tal? —le preguntó Marcos para romper un poco el hielo.

—Bien, aquí…

—Ah…

—Siento hablarte así, tan seca. No estoy todavía muy bien para hablarte como si no hubiera pasado nada —murmuró Ainhoa con una mirada tan fría que se podía cortar el aire.

—Me lo imagino, lo siento. Quería romper este momento incómodo.

—Claro, es lo más normal —contestó Ainhoa con ironía.

Se volvieron a quedar en silencio un rato.

—¡Ya estoy aquí! —interrumpió Lía el silencio—. Aquí tienes tu ropa, creo que no falta nada. Si falta algo avísame, lo busco y te lo acerco a tu casa, o vienes a buscarlo.

—Vale, gracias. Me voy. Ya nos veremos.

—¿A dónde vas? —le preguntó Lía para que creyera que se seguía preocupando por ella y que seguían siendo amigas.

—Ya te lo he dicho antes, tengo prisa. He quedado.

—Ah… Vale. Pues nada. Ya nos veremos, ¿no?

—Claro. Adiós.

Ainhoa se montó en su moto, la arrancó y se marchó, sin mirar atrás y sin decirles que lo sabía todo. Por una vez, siguió el consejo de alguien.

★★★

Al día siguiente, no pudo aguantar más y llamó a Lía.

—Tenemos que hablar. ¿Dónde estás? —preguntó Ainhoa tajantemente.

—En mi casa. ¿Te pasa algo?

—Sí. Voy para allá. Vístete y ve bajando. No tardo nada en llegar.

—Vale. Llama al telefonillo cuando llegues y bajo.

—No. Te espero abajo. No tardes —Ainhoa colgó el teléfono inmediatamente.

Cuando llegó a casa de Lía, ya estaba abajo esperándola.

—¿Qué te pasa, Ainhoa? No estás bien conmigo, ¿verdad?

—Claro que no, ya lo sabes, ¿no?

—Joder, Ainhoa, me estás asustando.

—Es para asustarse, pero la que me tengo que asustar soy yo, no tú.

—Vale… Ya lo sabes, ¿verdad?

—¡Ala! Que lista eres cuando quieres ¿eh? ¿Te creías que no me iba a enterar? ¡¿Tú te crees que yo soy gilipollas?! —enloqueció Ainhoa por la manera de actuar de Lía.

—Perdóname Ainhoa, por favor. No sé cómo pasó —le dijo Lía llorando y temblando al mismo tiempo.

—Yo sí sé cómo pasó. Ya lo veía venir desde hacía tiempo, pero no quería creerlo. Quería confiar en ambos, sobre todo en ti. Mi amiga… Mi mejor amiga, ¿no? ¡Ja! Me rio yo de las mejores amigas así. ¿Cómo has podido hacerme esto? Tú…, que eres la que sabe mejor que nadie lo que he pasado por este subnormal y lo que estoy pasando. La pregunta no es cómo… ¡¿por qué?!, esa es la pregunta.

—No lo sé, Ainhoa. De verdad. Pasó, así, sin más. Lo siento. No sé ya como pedirte perdón. Por favor, perdóname —le suplicaba una y otra vez.

—¿Tú quieres mi perdón? Vale. Yo te perdono. Pero que sepas que esto no lo voy a olvidar, jamás. Y ahora, respóndeme, ¿por qué? Y sé sincera.

—Porque me gusta, Ainhoa. Me gusta mucho y desde hace mucho tiempo, antes de estar contigo, antes de que estuviera con Ruth. Lo siento. Te lo tendría que haber dicho, lo sé, pero no tuve valor. Perdóname de nuevo.

—¿Otra vez pidiendo perdón? Ya está bien. No te arrastres tanto. Ya te he perdonado, pero me lo podrías haber contado, tan amiga mía que eras, ¿no? Bueno… ¿Qué esperar de una amiga que se tira a tu ex? Es lógico que no contases que te gustaba.

—No seas tan dura, te lo pido por favor.

—¡¿Qué no sea tan dura?! ¡¿Yo?! Estás de coña ¿no? —bramó Ainhoa, que no daba crédito a lo que estaba escuchando.

—Vale. Perdóname.

—Y dale con el perdón… Mira, ¿sabes qué te digo? Que paso de todo. ¿Quieres seguir tirándotelo? Tíratelo las veces que quieras. Como si quieres tener una relación con él. Ya me da igual todo.

— Pero, ¿vas a dejar de hablarme?

Ainhoa rio en ese mismo instante, pero con maldad:

—Debería dejar de hablarte desde este mismo momento o, mejor aún, desde que me enteré. Pero, ¿sabes qué pasa? Que soy demasiado buena. Me suelen decir que de tan buena que soy, soy tonta. Y creo que tienen razón. Y aunque me hayas hecho esto, que otra persona en mi lugar te hubiera mandado a la mierda, yo no puedo, no soy así. Sé lo que pasa cuando estás enamorado de alguien. Y lo peor, estar enamorado de alguien con el que no puedes estar por algún motivo. Ya sea porque no le gustas, porque te ve solo como una amiga, porque tiene novia o porque la novia es tu mejor amiga.

Ainhoa recordaba por un momento lo que su amigo Bryan le dijo cuando ella se le declaró, y continuó diciéndole:

—Así que, no te preocupes. No voy a dejar de hablarte, si es lo que tanto te preocupa. Eso sí, no me pidas que le hable a él, porque no pienso hacerlo.

—Gracias, Ainhoa.

—No me las des. Y no pretendas que esté igual contigo como hasta antes de que pasara todo esto. Te perdono y voy a seguir hablándote, pero me duele muchísimo lo que me has hecho. De él me lo esperaba, pero de ti… Y vigílalo bien. Ese al que te follas no es de fiar, tú misma me lo advertiste cientos de veces.

—No sé lo que va a pasar. No sé qué va a querer.

—Pues lo mismo que siempre, chica: follar. Siento ser tan borde, pero es la verdad. Aunque si quiere algo más, mi más sincera enhorabuena. Vas a conseguir lo que ni yo ni nadie aún ha conseguido, amarrarlo —recalcó Ainhoa riéndose con ironía.

—No creo yo eso.

—Yo tampoco, pero bueno, ya se verá. De momento, me voy. Me espera mi madre para cenar. Vamos hablando.

—Vale. Y gracias, otra vez.

—Adiós —dijo Ainhoa arrancando su moto y yéndose de allí.

★★★

Como era de esperar, este capricho solo duró un par de días.

Pasada una semana, un miércoles, después de esta desagradable situación, Marcos quiso hablar con Ainhoa para pedirle perdón por lo sucedido. Ella, por mucho que le dijera a Lía que no quería hablar con él y que no lo iba a perdonar, le podía lo enamorada que seguía de él y lo perdonó.

Luego se lo contó a Lía. Ella sí le contaba las cosas a «su amiga». Lía le dijo que se alegraba por ello, aunque en el fondo sufría como la que más, porque ya sabía lo que venía después del perdón. Y como le dijo Ainhoa, y ella ya sabía, solo iba a ser un polvo más en su lista de polvos.

El jueves, Marcos volvió a ponerse en contacto con Ainhoa. Le dijo que la echaba de menos, que se arrepentía de haberla dejado y aún más de lo que hizo con Lía. Le pidió que volviera con él. Ainhoa, sin pensarlo mucho, le dijo que sí, que ella también lo echaba de menos y que ya lo había perdonado por lo que pasó. Pero que, por favor, no volviera a ocurrir nada más. Y, ¿qué iba a pasar con Lía?

Marcos le prometió que no le haría más daño, y que con Lía no volvió a suceder nada más, solo pasó una vez y no volvieron a verse desde entonces.

Ainhoa no se lo creyó del todo, ya le costaba mucho confiar en él, pero el amor que sentía podía con eso y con todo lo que se pusiera por delante.

«El amor tiene fácil la entrada
y difícil la salida».

Lope de Vega

Ainhoa llamó a su amiga para contárselo. No quería que se enterara por otra persona, como ella se enteró del lío que tuvieron ellos dos. Lía le dijo que, si era lo que quería, lo respetaba, al igual que Ainhoa la respetó en su momento.

Cuando Lía colgó el teléfono, se echó a llorar.

Marcos y Ainhoa siguieron juntos como si nada de lo ocurrido hacía un par de semanas hubiera pasado y continuaron saliendo con toda la pandilla, incluida Lía.

Capítulo 8

Los dos jóvenes parecían estar felices. Lía también aparentaba estar contenta. Como si no hubiese pasado nada entre ese trío amoroso. Las dos chicas seguían siendo amigas.

Ruth, sin embargo, comenzó a salir con otro grupo de gente. Alguna vez se pasaba para ver a Lía y a algunos más, menos a Ainhoa, que se comportaba como si no existiera para ella. Estaba muy furiosa con la que fue su amiga por haber empezado una relación con su exnovio y, peor aún, sin haberle dicho nada a ella.

Con Marcos tampoco estaba muy receptiva, algo de lo más lógico.

Una noche como cualquier otra, Marcos invitó a las chicas a su casa a cenar unas pizzas.

Mientras Ainhoa y Lía, sentadas en el sofá, veían la tele, Marcos ponía a calentar las pizzas. De pronto, sonó el teléfono. Marcos corrió a cogerlo antes que su novia lo descolgara.

Una vez descolgó el teléfono, las dos amigas intentaban averiguar quién era la persona que estaba al otro lado del aparato.

Un par de minutos después, Marcos colgó y Ainhoa le preguntó quién era.

—Era Ruth —contestó Marcos.

—¿Qué quiere «esa»? —preguntó Ainhoa con cara de asco.

—Dice que quiere hablar conmigo, pero por teléfono no, quiere hablar en persona —le contestó su novio evitándole la mirada a su chica.

—Y tú vas a ir, ¿verdad?

—Claro. ¿Por qué no iba a ir? No vamos a hacer nada malo, solo hablar —aclaró el chico, esta vez mirándola fijamente a los ojos.

—Ya… Claro…

—Te dije que confiaras en mí y no lo estás haciendo. Además, voy a estar ahí enfrente —le señaló hacia el balcón—. No vamos a irnos a ninguna parte. Cuando quieras puedes asomarte y nos ves.

> *«Ni el pasado ha muerto, ni está el mañana, ni el ayer escrito».*
>
> Antonio Machado

Ruth vivía en un edifico de pisos frente al de Marcos.

Aunque el chico quisiera tranquilizar a Ainhoa con sus palabras, no lo consiguió.

Marcos se fue y Ainhoa ya empezaba a impacientarse, sin haber pasado apenas veinte segundos.

Pasaron cinco minutos…, diez…, quince…

—Mucho está tardando, ¿no? —dijo Ainhoa un poco desesperada.

—Tranquilízate —le aconsejó Lía.

—Estoy harta del «tranquila». ¿Cómo quieres que me tranquilice? Ponte en mi lugar.

—Tienes razón, pero de nada sirve que te alteres ahora. Espera a que llegue y que te cuente de qué han hablado.

Ainhoa no paraba de dar vueltas, de un lado a otro del salón. Se asomaba al balcón mirando hacia donde estaban los dos hablando.

Allí estaban, sentados en un escalón. Solo podía ver sus piernas, de cintura para arriba no veía absolutamente nada. No sabía que estaba pasando, ni de qué estaban hablando.

Cada vez estaba más nerviosa.

—Me estoy cansando de esta relación —confesó Ainhoa.

—Tarde te estás cansando, con todo lo que te ha hecho ya —replicó su amiga.

—Es cierto… Como acostarse contigo, ¿no?

—Joder, Ainhoa. Dijimos que nada de reproches.

—Vale. Lo siento. Es que estoy muy nerviosa y no sé qué cojones está pasando ahí abajo.

Ainhoa suspiró un momento, volvió a asomarse al balcón y los vio levantarse.

—Ya era hora… Pensé que se iba a quedar toda la noche ahí con ella —dijo la joven cada vez más cabreada.

Pasados cinco minutos se escuchó como se abría la puerta.

—¿Qué quería? —demandó Ainhoa a Marcos, sin ni si quiera darle tiempo a cerrar la puerta.

—Joder, tranquila —le respondió su novio—. Solo quería solucionar las cosas conmigo, nada más. No tienes por qué ponerte así.

—Ya… Solo eso, ¿no?

—Que sí, ¡joder! —exclamó Marcos enfadado.

—Vale, tranquilo. Solo te he preguntado.

—Pues eso. Y relájate un poco, porque como sigas desconfiando así de mí, esta relación no va a ninguna parte —le advirtió Marcos con un tono amenazante.

—Vale. Perdóname, cari. No vuelvo a desconfiar más de ti.

La joven le dijo que confiaría en él, pero tanto ella como su amiga sabían que eso no era cierto; no obstante, quiso dar la conversación por zanjada.

★★★

Marcos y Ruth tuvieron una relación muy intensa, aunque no se veían muy a menudo.

El chico quiso hacerse un piercing en la lengua, puesto que se había enterado por sus amigos que Ruth se lo había hecho, y él no iba a ser menos.

Ruth se fue una semana a Londres de viaje. Ainhoa se sintió aliviada por ello. Una cosa menos para preocuparse, pensaba.

Al día siguiente de haberse hecho el piercing, Marcos fue a casa de Ainhoa un rato. La joven tenía internet en su casa y su novio aprovechaba para conectarse en su cuenta, ya que él no tenía internet en su casa, y de paso charlaba un poco con Ruth.

A Ainhoa no le hacía ni pizca de gracia que hablara con ella, así que instaló un programa en su ordenador que podía guardar las conversaciones que mantenían desde el aparato. No le comentó nada a Marcos, sabía que si lo hacía se pondría hecho una furia por volver a desconfiar de él. Quería espiarlo sin que él lo supiera. Y así fue.

Al día siguiente de haber instalado dicho programa, Marcos fue a su casa y se conectó en su cuenta como siempre hacía.

Ainhoa actuaba con normalidad.

—«Nana» —que así era como llamaban todos a Ainhoa cariñosamente—, ¿me dejas tu teléfono móvil un momento?

—¿Para qué?

—Es para mandarle un SMS a mi primo.

—Te vuelvo a repetir la pregunta… ¿para qué?

—Joder con las preguntitas… Para decirle que no voy a ir al partido de fútbol de esta tarde.

Ainhoa le dejó su teléfono móvil al chico.

Se quedó con el móvil unos cinco minutos, mientras la joven hacía otras cosas en su habitación. El ordenador estaba en la habitación de al lado. Cuando terminó de escribirlo, la avisó para devolverle el teléfono.

Sin pensarlo dos veces, cuando cogió su móvil, se metió en su habitación y miró los SMS enviados para verificar lo que le dijo su novio. Y ahí estaba, el último mensaje enviado a un número de teléfono que no era el de su primo y que ella no tenía guardado en su agenda telefónica. Lo abrió sin dudarlo, y efectivamente, no era un SMS para su primo:

Hola, guapa. Ya me he hecho el piercing en la lengua. Espero que, cuando vengas de Londres, lo pruebes. Besos.

Ainhoa no daba crédito a lo que estaba leyendo.

Le había mandado un mensaje a Ruth diciéndole que quería liarse con ella, de una forma poco disimulada. Se lo había enviado desde su propio móvil y ni si quiera se había molestado en borrarlo.

«¡Será gilipollas!», pensó la joven. Pero únicamente lo pensó. Optó por lo más ilógico: no decirle nada y esperar a que su novio se fuera para poder sentarse frente al ordenador y ver las conversaciones que tenía con ella.

Y así fue. Marcos se fue al rato y Ainhoa, después de despedirlo en la puerta, fue hacia la habitación donde estaba el ordenador. Se sentó frente al aparato, buscó el archivo de las conversaciones guardadas y allí estaba la conversación de su novio con Ruth.

Suspiró, abrió el archivo y comenzó a leer.

Un par de minutos después de empezar a leer la conversación, Ainhoa se echó a llorar desconsoladamente, como si la vida se le acabase en ese momento, como si el mundo se le cayera encima.

—¿Qué te pasa, Ainhoa? —preguntó su madre preocupada, que entraba en la habitación justo cuando la chica estaba llorando.

La joven no podía hablar en ese momento, lo único que podía hacer era derramar lágrimas.

—A ver, tranquilízate un poco… ¿Marcos? —le preguntó Anna, conociendo la reputación de su novio.

Se calmó y pudo hablar entre sollozos.

—Sí… Habla con Ruth… La echa de menos… La sigue queriendo… Me está engañando, mamá…

—Te lo dije. A ver si alguna vez haces caso de lo que te dice tu madre. Que si te lo digo es por algo, hija. Que creo tener más experiencia que tú en la vida, o por lo menos tengo más años recorridos.

—Ya… Tenías razón… ¿Qué hago?

—Pues lo normal. Hablar con él y terminar con la relación —Anna fue clara y directa, como casi siempre—. Bueno, te dejo un rato sola para que te relajes.

Ainhoa no podía creer, o mejor, no quería creer lo que estaba leyendo, lo que le estaba pasando.

Se quedó unas horas en esa habitación, sentada frente al ordenador escuchando música, lo único que la podía relajar y hacer que se olvidase de sus pensamientos, pero ni con eso bastaba para poder olvidar lo que le estaba sucediendo, aunque fuera por un momento.

Al cabo de un rato pensó, de nuevo, lo más ilógico. Lo contrario de lo que su madre le dijo que debería hacer. Decidió no decirle nada a su novio y seguir con él como si nada hubiera leído. No quería perderlo y pensaba que solo sería un desliz, que tenía que confiar en él. Se lo prometió y, como ya había pensado, siguió con él como si nada pasara.

> *«Nada en el mundo es más peligroso*
> *que la ignorancia sincera y la*
> *estupidez concienzuda».*
> Martin Luther King

Pasada una semana, cuando Ruth llegó de su viaje a Londres, Marcos le dijo a Ainhoa que terminaba su relación con ella, que lo había estado pensando mejor y que aún seguía queriendo a Ruth. Seguía sintiendo algo por su exnovia y no quería hacerle más daño, aunque también le dijo que a ella la quería muchísimo y que ojalá algún día lo perdonase por todo esto.

Ainhoa, una vez más, se quedó destrozada, y con más motivo aún, porque ya se lo veía venir desde hacía un tiempo, sabía el porqué y no puso medios para impedirlo, o por lo menos dar ella el primer paso. Pero no tuvo valor.

Para lo que sí tuvo valor fue para decirle a su madre que ya no quería estudiar más. Llevaba acarreando todas las asignaturas que tenía suspensas del curso anterior, que eran cinco, más las de este año, que tampoco llevaba muchas aprobadas por el momento. Entre esto y que lo estaba pasando muy mal por la ruptura con Marcos, no se lo pensó dos veces y se lo comentó a Anna. Su madre no lo dudó: le dijo que estaba de acuerdo, tenía demasiada presión con tantas asignaturas que aprobar, aunque hubiera sido culpa suya por no haberse esforzado más. Hablaría con los profesores y la directora para darle de baja, pero que, para compensarlo, tenía que trabajar en algo. No iba a estar viviendo la vida, sin estudiar ni trabajar. El pan tenía que ganárselo de alguna manera. Así que, habló en su trabajo para meterla en una de las cafeterías o en otro de los negocios que tenían. Y, efectivamente, comenzó a trabajar de camarera, aunque le duraría poco el trabajo.

★★★

Comenzó el buen tiempo, el calor, el verano y las fiestas.

Ainhoa seguía muy mal anímicamente, hasta llegar al punto de salir casi todos los días de fiesta con Lía y pillar cocaína todos los fines de semana para, como ella decía, quitarse las penas. Tan mal estaba que, entre fiestas y droga, llegó a pesar treinta y siete kilos. Apenas iba por su casa, lo justo para ducharse, cambiarse de ropa y picar algo de comer, y algunas noches ni se quedaba a dormir. Se quedó casi todo el verano en casa de su amiga, para así poder llegar más tarde por las noches y que su madre no le notara que estaba un poco enganchada a la droga.

Ruth y Marcos, como era de esperar, volvieron a estar juntos. La chica prohibió a su novio que se hablara con Ainhoa. Sin embargo, al poco tiempo Marcos desobedeció la prohibición de Ruth y volvió a hablarle a Ainhoa, pero en secreto. Antes de dejarla por Ruth, Marcos empezó a trabajar de peón de albañil en una obra en la que trabajaba el padre de Ainhoa.

A los días de que se volvieran a hablar los jóvenes, cuando Marcos tenía la media hora de descanso en su trabajo, se iba a casa de Ainhoa para liarse con ella, ya que trabajaba a tres minutos de donde vivía.

Ella le seguía el juego. Ella lo seguía queriendo, aunque sabía que él solo lo hacía por puro placer. Pero se mentía a sí misma.

Al mes de tener la aventurilla con Marcos, llegó a oídos de Ainhoa que también se estaba liando con la chica que estuvo anteriormente a Ruth, Julia.

Ainhoa, al momento de enterarse de la nueva noticia, lo mandó a la mierda directamente. La droga le ayudaba a ser clara, directa y a no tener miramientos con nadie. Marcos tenía una relación seria con Ruth, se estaba liando con ella y también con Julia.

> *«Somos fácilmente engañados por*
> *aquellos a quienes amamos».*
> Molière

La chica, decepcionada nuevamente y muy enfadada, decidió contárselo a Ruth para mantenerla informada de que la persona con la que estaba no era trigo limpio.

Ruth la creyó, habló con Marcos de inmediato, pero él se lo negó todo. Le dijo que solo fueron una noche al cine, que no hicieron nada más. Pero Ruth no se lo creyó. Ya le había ocultado que había quedado con Julia, seguramente le estaría ocultando también que se había acostado con ella. Ruth no se lo pensó demasiado, no quería perder más el tiempo con él. Le dijo que seguía siendo el mismo de antes, que no jugaba limpio y que se fuera con sus mentiras a otra pobre imbécil.

Terminaron la relación por segunda vez, pero esta vez fue Ruth quien lo dejó.

★★★

Pasados un par de días después de la ruptura de Ruth y Marcos, como ya era de esperar, el joven volvió a ponerse en contacto con Ainhoa para pedirle perdón y que volviera a estar con él. Y, como también era de esperar, Ainhoa le dijo que sí, que lo volvía a perdonar, pero que no iba a olvidar todo lo que había pasado.

El amor que sentía por él era más fuerte que cualquier engaño, pero ¿era amor lo que sentía por Marcos o pasaba ya a ser obsesión?

Eso era lo que se temían las personas que la rodeaban a ella.

Capítulo 9

Parecía que todo iba genial entre Ainhoa y Marcos. Transcurrió un año sin que la pareja lo dejase o, más bien, sin que Marcos hiciera una de las suyas y dejase a Ainhoa. Tenían algunas peleas, pero lo normal en cualquier relación. ¿Qué sería de una relación sin tener nada de lo que discutir? En ese caso no seríamos humanos, sino robots. Eso pensaba Ainhoa, o por lo menos se consolaba diciéndolo para no tener que agobiarse mucho por las discusiones con su novio.

★★★

Era verano de nuevo e iban casi todas las tardes a una zona de la ciudad que frecuentaban mucho, aprovechando el buen tiempo. Trasteaban con las motos en la calle, cambiaban piezas al motor, pintaban el carenado, etc. Una de las tardes, la pareja discutió por una tontería.

Marcos decidió que era hora de irse. Se montó en la moto de Ainhoa, ella detrás y se dirigieron a casa del chico. Fueron callados durante el trayecto.

Una vez llegaron, él aparcó la moto y se bajaron ambos de esta. Se dirigían al portal y la pelea continuaba por donde la dejaron antes de marcharse de dónde estaban.

Marcos le chillaba a ella, y ella, como no quería entrar al trapo, se volvió y se dirigió hacia su moto para ver si se callaba e iba detrás de ella, pero no. Ocurrió todo lo contrario. Marcos se enfureció más, gritó su nombre, Ainhoa se volvió y el joven le tiró, con bastante fuerza, la llave de su moto a la barriga. Ainhoa se quejó porque le había hecho daño. Se volvió hacia su moto de nuevo, pero esta vez llorando y queriendo largarse de allí enseguida, pero Marcos no la dejó irse.

—Entra en el portal —le dijo su novio enfurecido.

—No. Déjame en paz. Me voy —le contestó asustada.

—Entra ahora, ¡ya!

—¿Qué quieres? ¿No ves que me has hecho daño?

—Como no entres ahora, te vas a arrepentir de no haberlo hecho.

Marcos estaba cada vez más enfadado y Ainhoa más asustada, así que le hizo caso. Agachó la cabeza y, sin mirarlo a la cara, entró en el portal.

Una vez dentro los dos, Marcos empezó a chillarle, y a la misma vez le levantaba la mano, amenazándola.

Ainhoa aumentaba su llanto. Estaba muy aterrorizada. Lo único que salía de la boca de la joven era que la dejara en paz, que la dejara irse de allí.

Marcos no entraba en razón, parecía como si estuviera poseído.

Cuánto más miraba la inocencia de Ainhoa, más arriba se venía su ego. Hasta que Ainhoa le volvió a repetir que la dejara, pero esta vez con un grito fuerte y seco. Pero solo empeoró la situación más. Marcos la miró con ojos amenazantes, levantó un poco la pierna y le dio una patada a la chica en el muslo.

Ainhoa se quedó pálida, sin aliento, temblando, muerta de miedo, hasta que rompió a llorar más de lo que ya estaba llorando.

> *«Para manipular eficazmente a la gente,*
> *es necesario hacer creer a todos*
> *que nadie les manipula».*
>
> John Kenneth Galbraith

Ainhoa lo apartó de su camino para abrir la puerta e irse de allí, pero el chico la agarró de los hombros y la miró fijamente, como si no fuera a perdonarle la vida.

—¿A dónde te crees que vas? —le preguntó Marcos sin esperar respuesta.

Al decir eso, se puso detrás de ella. Ainhoa llevaba el pelo recogido y él aprovechó eso. La cogió de la cola y la arrastró hasta el ascensor. Ainhoa gritaba que la soltara, que la dejara, pero su novio hacía caso omiso de sus suplicas.

Cuando se abrió la puerta del ascensor, la metió de un empujón dentro y seguidamente entró él.

Mientras el elevador subía, el joven le seguía dando gritos y volvió a darle otra patada, pero esta vez fue a parar al estómago.

Una vez llegaron al piso, salieron del ascensor, Marcos agarrando a Ainhoa por el brazo para que no se fuera, y entraron en su casa. Se metieron en la habitación de él y la fue relajando. Ya empezó a hablarle normal y a decirle que se tranquilizara, que eso pasaba por querer jugar con fuego. Le pedía perdón por lo que le acababa de hacer y que no volvería a suceder si no lo enfadaba de nuevo.

Ainhoa estaba temblando, aterrada por lo que había sucedido. Aun así, cuando se fue calmando, lo perdonó y, como si se tratase de una pelea normal y corriente, después de todo eso, hicieron el amor.

Tenía miedo de contárselo a alguien y que lo de esa tarde se agravara aún más. Y no se le podía ni pasar por la cabeza acabar con la relación. Si le hizo eso por una tonta discusión, no quería ni imaginarse lo que le haría si lo dejaba…

«El que teme sufrir ya sufre el temor».

Proverbio chino

La joven no le contó nada a nadie, ni a su amiga Lía, y menos a su madre. Se guardó el secreto para ella sola.

★★★

Pasaban los días, semanas, meses, y Marcos seguía tratándola mal. Le pedía dinero para pillar droga; no dejaba que hablara con ningún tío, ni si quiera mirarlo; tenía que cuidar su vestuario, no podía ponerse ropa provocativa; le decía que era una inútil y que no servía para nada; la dejaba cuando no le apetecía estar con ella o cuando le gustaba otra y, después de follársela, le pedía perdón y volvían a estar juntos.

Cuando veía a Ainhoa a hablar con otro, se ponía histérico, hasta el punto de, cuando estaban solos, cogerla del cuello y amenazarla en alguna que otra ocasión.

★★★

Corría el año 2007, para entonces llevaban unos dos años juntos. La pareja cambió de grupo de amigos.

Marcos se hizo muy amigo de un chico de la misma edad que Ainhoa. Y, a su vez, Ainhoa se hacía amiga de una joven, también de su edad, Laura. Ambas tenían diecinueve años y muchas ganas de cambiar de vida.

Cada vez se hacían más amigas y Laura veía cómo Marcos trataba a Ainhoa. Le decía que pasara de él, que no se merecía a alguien que la tratara así.

Mientras Ainhoa pasaba los días con sus nuevos amigos, su madre conocía a un hombre. Después de lo que pasó con su padre, era lo mejor que le podía suceder, siempre que fuera una buena persona. Parecía que la cosa iba en serio. Tanto era la seriedad del asunto que a los meses se lo presentó a Ainhoa que, por la primera impresión, le cayó bastante bien.

★★★

Aunque de cara a sus amigos Ainhoa y Marcos parecían que llevaban una relación normal, en la intimidad no lo era. Marcos la insultaba, ridiculizaba, pedía dinero y maltrataba física y psicológicamente. La amenazaba y le prohibía que quedara con su primo Alejandro, al que ya había conocido hacía mucho tiempo y se llevaban muy bien. Ella conocía a toda su familia, y él a la suya, pero Ainhoa con quien mejor se llevaba era con Alejandro.

Antes de comenzar el verano, el chico volvió a hacerle una de las suyas a la joven. Una tarde fue a recogerla a su casa en coche, el coche que le dejaba su padre. El chico se sacó el carnet de conducir hacía unos meses y de vez en cuando cogía el coche de su madre a escondidas, sin que ella supiera nada. Pero su padre sí se lo dejaba.

Ainhoa se montó en el coche y se fueron a fumar marihuana, como todos los días solían hacer. Al chico, de repente, se le cruzaron los cables por una estupidez, como habitualmente le sucedía, y se enfadó con ella. Arrancó el coche y comenzó a dar vueltas por la ciudad, muy irritado. Condujo hasta las afueras de la ciudad, donde termina con una preciosa e inmensa playa. Allí paró el vehículo, sin apagar el motor y le dijo a Ainhoa que se bajara. La joven le dijo que no se iba a bajar y Marcos la amenazó diciéndole que si no se bajaba en ese mismo momento del coche, le abofetearía. Aunque la amenazaba a menudo, lógicamente no podía acostumbrarse a ello y le aterraban las palabras que salían de su boca. Ainhoa se asustó mucho y se bajó del coche. Cerró la puerta y, al instante, Marcos metió la primera marcha y se largó de allí.

Ainhoa lloraba como una niña pequeña. Sola. Aterrorizada. Sin nada ni nadie. Todas sus pertenencias estaban dentro del coche. No podía hacer si quiera una llamada de teléfono. No podía llamar a su madre, que fue la primera que se le pasó por la cabeza. Pero en menos de cinco minutos, el muchacho volvía para recogerla.

Ainhoa se subió al coche gimoteando. Marcos intentó tranquilizarla y explicarle que eso era un escarmiento, para que supiera que no tenía que jugar con él.

★★★

Pasado un mes, Marcos volvió a dejar a Ainhoa.

Como todas las demás veces que la había dejado, esta vez no iba a ser menos y también la dejó por otra chica.

Ainhoa no lo sabía, se enteraría pocos días después, pero no le sorprendió demasiado. Decidió pasar más del muchacho y salir con Laura.

> *«Puedes engañar a todo el mundo*
> *algún tiempo. Puedes engañar a algunos*
> *todo el tiempo. Pero no puedes engañar*
> *a todo el mundo todo el tiempo».*
>
> Abraham Lincoln

Una tarde, cuando Ainhoa iba en su moto hacia casa de su amiga, escuchó como un coche aceleraba mucho justo detrás de ella, volvió la cara y era Marcos con el coche de su madre. Ainhoa se puso muy nerviosa y moderó la velocidad, ya que siempre iba bastante rápida con su moto. Cuando aminoró la marcha, Marcos aprovechó para adelantarla, y cuando se puso justo a su lado, aprovechó la ocasión e intentó tirarla de la moto de un volantazo. Ainhoa frenó enseguida y dejó que Marcos terminara su adelantamiento para poder perderlo de vista.

Llegó a casa de Laura muy alterada.

—Me acabo de encontrar con Marcos y…

—¿Y qué? ¿Qué te ha hecho? —le preguntó su amiga enojada.

—Ha intentado tirarme de la moto —contestó Ainhoa cabizbaja y temblando de nervios.

—¡¡Hijo de puta!! Si lo vemos, se va a enterar de quién soy yo. Con mi amiga no se juega.

Ainhoa se sentía muy protegida con Laura. Hasta ahora había sido su mejor amiga, más incluso que Lía. Aunque algo en común tenían sus amigas: las dos consumían cocaína. Ainhoa también seguía consumiendo, pero no tanto como hacía un par de años.

De vez en cuando, pensaba en la que fue su mejor amiga por un tiempo. No dejaron de hablarse por completo. Cuando se veían, se saludaban y charlaban un poco, aunque eran pocas las veces que se vieron desde que cada una optó por elegir un camino diferente.

★★★

Después de que Marcos dejara a Ainhoa, la joven decidió conocer a otro chico, Ángel. Su amiga la animaba para que tuvieran algo más que una amistad. Laura ya lo conocía de antes, sabía que era un buen chico y que compaginaría bien con Ainhoa.

Le hizo caso a su amiga y se dejó llevar. Se confirmaba lo que Laura pensaba, se llevaban muy bien. Era muy atento con ella, siempre estaba ahí para cuando ella quisiera. Estaba muy a gusto cada vez que estaban juntos. Solo tenía una pega; bueno, dos. La primera: bailaba muy mal. Solo salieron una vez de fiesta y no volvieron a salir más juntos por la noche. Le daba vergüenza que bailara a su lado. Y su segunda pega: follaba de pena. Ella tampoco es que lo hubiera hecho con muchos, solo con Marcos y Ángel, pero, a pesar de su poca experiencia, sabía que no era un monstruo en la cama. Y era por eso por lo que intentaba esquivar siempre el tema y hacerlo lo menos posible. Pensaba que mejoraría con el paso del tiempo.

★★★

La relación de Marcos con su nuevo ligue no duró mucho, poco más de un mes. Cuando lo dejó con su nueva víctima, el joven rompecorazones le pedía a Ainhoa que, por favor, dejara a

Ángel y volviera con él, que había cometido un tremendo error y se arrepentía muchísimo de haber cortado con ella, y más aún de haberlo hecho por otra. Ainhoa, haciéndose la dura, le decía que no quería saber nada más de él, que el chico con el que estaba ahora la trataba muy bien, como una reina. No la insultaba, ni maltrataba como hacía él.

Y aunque Ángel la tratara muy bien y tuvieran gustos similares, como las motos y coches, y el problema del sexo pudiera tener alguna solución, la relación no llegó ni a dos meses de duración.

La joven, ciega y obsesionada, seguía pensando en Marcos y no podía seguir o empezar una relación con otra persona teniéndolo a él las veinticuatro horas del día en la cabeza.

Un par de días después de dejar a Ángel, Ainhoa le pedía a Marcos que volviera con ella. Marcos le hizo caso por primera vez y volvieron a estar juntos de nuevo, aunque estaba un poco celoso porque Ainhoa había tenido una relación con otra persona. Era muy injusto, puesto que él fue quien la dejó a ella y, peor aún, por otra chica. Esos celos no eran racionales, pero… ¿era Marcos racional en sí?

> *«En los celos hay más amor propio que amor».*
> François de la Rochefoucauld

Parecía que la cosa iba bien, pero solo lo parecía. Ainhoa no podía dejar de pensar, por muy bien que estuviera con Marcos, en todas las putadas que le había hecho. Si llevaban dos semanas sin peleas y sin ningún tipo de enredo amoroso, no era lo normal. «Ya falta poco para que algo nuevo pase», pensaba la chica, y con razón.

★★★

Después de un mes, más o menos, la madre de Marcos contrató internet en su casa. A Ainhoa no le gustaba nada la idea de no poder controlar a Marcos como hacía en el ordenador de su casa. Así que una tarde, mientras su novio se duchaba, ella indagó en el ordenador y encontró una cuenta de Hotmail que no era la de él. La joven estaba en lo cierto cuando pensaba que su novio estaba tardando mucho en mostrarle alguna novedad de sus líos amorosos.

Cuando Marcos salió de la ducha y se metió en la habitación, no tenía ni idea de lo que le esperaba, pero Ainhoa tampoco.

—¿Y esta cuenta? Es tuya, ¿no? —le preguntó algo enfadada.

—No. No es mía —se excusó él.

—Escribe la contraseña —le pidió Ainhoa, sabiendo que ella llevaba razón y él, no.

—No sé cuál es la contraseña.

—Marcos, por segunda vez te lo pido. Escribe la contraseña.

Marcos resopló y procedió a introducir la contraseña de la cuenta, aceptando de esa manera que sí era suya. Una vez abierta, solo había direcciones de chicas y, entre ellas, la dirección de correo de la jovencita por la que Marcos dejó a Ainhoa hacía unos tres meses.

> *«El medio más fácil para ser engañado*
> *es creerse más listo que los demás».*
>
> François de la Rochefoucauld

—¡¡Lo sabía!! ¡¡Eres un cabrón!! No has cambiado, ni vas a cambiar nunca —le gritaba Ainhoa decepcionada, alterada y tirando su ordenador portátil a la cama.

—Espera, tiene una explicación —aseguraba Marcos.

—¡¡Ah!! ¿Sí? Me encantaría escucharla.

—Abrí la cuenta solo para burlarme de la gente. Era solo por aburrimiento. De veras que no tenía ninguna otra intención.

—¡¿En serio?! —preguntaba Ainhoa riéndose con ironía—. Y en el caso de que te creyera, ¿por qué no me contaste tu genial idea? Así nos podríamos haber echado unas risas los dos.

—Porque sabía que te ibas a poner así de furiosa.

—¡Claro! Eres muy listo, y tú te crees que soy tonta y que no te conozco lo suficiente como para saber que ibas con las intenciones que vas siempre.

—Que no, de verdad, créeme —le rogó Marcos.

—¡¿Que te crea?! —volvió a reír con la misma ironía—. No puedes pedirme eso después de todo lo que me has hecho. ¿Sabes que te digo? Que paso de ti y de tus mentiras. Déjame en paz y vete con tus cuentos a otra que aún no te conozca. Me voy de aquí.

Marcos la frenó con sus manos. La agarró de los hombros como solía hacer muchas veces y la zamarreó. Le decía que se callara y que lo escuchara, que no había abierto esa cuenta de Hotmail para nada malo, que tenía que creerlo.

Ainhoa hacía caso omiso de lo que le decía y le apartaba las manos de encima. La cosa se ponía cada vez más tensa entre la pareja. Ella empezó a llorar, hasta que se cabreó más de lo que estaba. Marcos, cuando la vio llorar y cabreada, la agarró del cuello y la puso contra su cama bocarriba, sin soltarla. Ainhoa se asustó muchísimo. Forcejeó un poco con él, hasta que consiguió subir una pierna y apartarlo.

Enseguida, la joven sacó su teléfono móvil y dijo que si no la dejaba marchar, llamaría a su madre.

Cada vez que se peleaban, Ainhoa le contaba a su madre que Marcos la trataba mal, pero nunca le contó que le había pegado y amenazado. Desde entonces, Anna prohibió a su hija que ese niñato entrara más en su casa. Por ello, y por el genio que gastaba su madre cuando le hacían daño a su hija, Marcos le tenía mucho respeto a Anna.

Cuando Ainhoa le dijo a Marcos que llamaría a su madre, inmediatamente le quitó el móvil de la mano y le dijo que como no se calmara lo estampaba en el suelo.

Ainhoa se irritaba más, lloraba más y le pedía por favor que no se lo tirara porque se lo regaló su madre.

Como Marcos veía que no se calmaba, como bien dijo, tiró su teléfono móvil al suelo, con todas sus fuerzas.

Ainhoa se agachó en el suelo, donde su novio lanzó el aparato. Lloraba aún más conforme iba recogiendo los pedacitos de su móvil y le preguntaba que por qué había hecho semejante barbaridad.

—¿Ahora te vas a tranquilizar? —le preguntó Marcos cogiéndola de nuevo de los hombros.

Ainhoa se tranquilizó, pero solo por no enfurecerlo más y que no le hiciera algo peor.

—¿Qué le voy a decir ahora a mi madre? —le preguntaba a su novio con los ojos hinchados, rojos y brillosos de haber llorado.

—No te preocupes. Mi madre puede conseguir un móvil nuevo, gratis. Le decimos que el tuyo se nos cayó por la ventanilla del coche cogiendo una curva y que te saque el mismo. Y ya no le tienes que decir nada a tu madre.

Y así lo hicieron. Ese mismo día le dieron el mismo teléfono en la tienda, gracias a la madre de Marcos, y Anna no tuvo que enterarse de nada de lo ocurrido.

Capítulo 10

Después de esa pelea, hubo un tiempo de paz.

Comenzaba el verano de ese mismo año, y Ainhoa conoció a los hijos de Arturo, el novio de su madre. Eran Ágata, la mayor, que tenía dieciocho años; el mediano, Carlos, con catorce años; y Nuria, que tenía once y era la pequeña de los tres hermanos. A los que más veía era a Carlos y Nuria, que venían más a menudo a estar con su padre. A Ágata la veía un poco menos, pero no significaba que se llevara peor, todo lo contrario. Se llevaban un año de diferencia y tenían gustos muy parecidos, por no decir iguales. Llevaban más tiempo sin verse, pero se cogían con muchas ganas cada vez que volvía a verse. En general, se llevaba muy bien con los tres; no obstante, vivían con su madre en otra ciudad, un poco más al norte de donde vivía Ainhoa, pero solo a una hora de distancia.

$$***$$

El verano se fue y volvió el frío, la Navidad. Ainhoa y Marcos tuvieron una buena entrada de año. El año 2008.

Ainhoa seguía saliendo con Laura, aunque a Marcos no le gustaba que saliera con ella, decía que era una mala influencia para su novia. La joven no le hacía caso, seguía viendo a su amiga. No quería perderla por nada del mundo. Le había aportado muchísimas cosas buenas en su vida, se lo habían pasado muy bien, habían reído, llorado, bailado, dormido juntas, etc. Siempre estaba ahí para cuando lo necesitase, tanto para los buenos, como para los malos momentos. Le debía muchísimo a Laura. Gracias a ella, algo en su actitud hacia Marcos cambió. Aunque no del todo, puesto que seguían juntos y seguía aguantando los malos tratos por parte de su novio, si bien iban aminorando. Poco a poco, Ainhoa fue abriendo los ojos. Y gracias también a Anna, pese a que su madre ya estaba algo cansada de aconsejarle y decirle que olvidara de una vez por todas a Marcos.

Anna y Laura se llevaban muy bien. Era la única amiga de Ainhoa que le había caído en gracia a su madre. Laura se quedaba mucho en casa de Ainhoa y viceversa. Eran como hermanas. Ainhoa también congenió muy bien con la familia de su amiga.

> *«La amistad es un alma que habita*
> *en dos cuerpos; un corazón*
> *que habita en dos almas».*
>
> Aristóteles

Ambas le decían a Ainhoa que se quitara la venda que tenía en los ojos, que se diera cuenta del daño que le estaba haciendo y que estaba desperdiciando su vida con ese muchacho tan problemático. Pero Ainhoa siempre ponía la misma excusa, que dónde iba a buscar a otro chico.

—Eres muy tonta —le decía Anna.

—Gracias, mamá. Yo también te quiero —respondió Ainhoa irónicamente.

—Es verdad. Tu madre tiene razón. No hay más tíos en todo el mundo, ¿no? —puntualizó Laura.

—Ya, lo sé. Pero…

—No hay peros que valgan. Hay muchos peces en el mar, Ainhoa. Date a valer, ármate de valor y déjalo para siempre —exclamó su madre.

—Sí. Sé que tenéis razón las dos, pero… ¿y si intenta hacerme algo?

—¡Por encima de mí! —aseguraba Laura.

—¡Que ni lo intente! —amenazó Anna.

Ainhoa les dio las gracias a las dos por apoyarla a dar el gran paso. ¿Cómo no iban a hacerlo? Estaban deseando que se acabara esa relación envenenada.

La joven quedaba de vez en cuando con su amigo Bryan. Aunque ella estuviera con Marcos, seguía sintiendo algo especial por su amigo.

Bryan seguía con su novia, la hermana de Abraham, pero se veían en secreto. Ni a Marcos ni a la novia de su amigo les gustaba demasiado que se vieran.

Bryan también estaba cansado de decirle que lo dejara. Según él, la quería muchísimo, como una hermanita pequeña, y no le gustaba que le hicieran daño.

Ainhoa también retomó un poco la relación con Lía y su nuevo novio, con el que, por increíble que pareciese, mantenía una relación seria y estable. Lía le presentó a la pandilla con los que salía. Eran todos amigos de su novio, Damián.

Como Marcos estaba centrado en sus cosas, había noches que no la veía porque estaba cansado, así que aprovechaba y quedaba con Lía y su grupo de amigos. Hubo un joven en especial con el que hizo muy buenas migas, Pablo. El chico sabía algo de su historia con Marcos y, hasta él, sin conocerla demasiado, le decía que era tonta por seguir con ese imbécil.

★★★

Llegando el verano, cuando Marcos y Ainhoa parecían estar mejor que nunca, ella decidió tomar una decisión. La decisión final. Aunque llevaran unos tres meses muy bien, sin apenas una pelea, no podía aguantar más. Se sentía cansada, no tenía fuerzas para seguir luchando, no tenía fuerzas para continuar al lado de alguien que la había tratado tan mal, la había despreciado tanto, la había insultado, escupido, pegado, maltratado de muchas maneras diferentes.

Ese era el primer paso que tenía que dar: abrir por fin los ojos y darse cuenta de que la persona que tenía a su lado no le aportaba nada bueno.

Luego se paraba a pensar y en estos tres últimos meses se había portado como nunca lo había hecho, pero le volvía el momento de claridad y se preguntaba a sí misma: «¿Qué son tres meses de felicidad comparados con casi tres años de sufrimiento?».

—Da igual las veces que me pida perdón, siempre volverá a hacer lo mismo. Una persona que es así, no cambiará jamás —se decía en voz alta sentada en la silla de su habitación, con el teléfono en la mano.

«Se puede tener por compañera
la fantasía, pero se debe tener
como guía a la razón».
Samuel Johnson

Ainhoa tomó aire, lo soltó y marcó el número de teléfono de casa de su novio.

—¿Sí? —contestó la madre de Marcos.

—Hola. ¿Está Marcos? —preguntó Ainhoa con voz triste.

—¡Ah! ¿Ainhoa?

—Sí. Soy yo.

—Espera un momento que lo llamo.

Ainhoa esperaba al otro lado del teléfono.

—Hola, guapa. Acabo de despertarme de la siesta —le dijo Marcos con voz somnolienta.

—Hola… Tenemos que hablar.

—¿Qué te pasa?

—Tengo que decirte una cosa y, lo siento, pero te lo tengo que decir ya.

—Me estás asustando —al chico se le cambiaba por momento el tono de voz.

—Lo siento, Marcos. No aguanto más —le decía la chica rompiendo a llorar.

—¿Esto es una broma?

—Te estoy hablando muy en serio. Esto no es para bromear.

—No… Ainhoa… por favor. Espera. Esto tiene solución. Mira cómo estamos ahora, estamos muy bien. Por favor —le rogaba Marcos cuando también empezó a llorar.

—Marcos, de verdad que lo siento. Se acabó todo para siempre. Así que, no me vuelvas a llamar ni a pedir que vuelva contigo porque mi decisión es definitiva —se impuso Ainhoa, pero a la vez llorando.

—Por favor… No me hagas esto… Ahora no… Voy para tu casa y lo hablamos mejor.

—¡No! No vengas, por favor. No puedo verte. No quiero verte más. No me hagas sufrir más. Te lo pido por favor.

—No entiendo a qué viene esto ahora… ¿De verdad que no hay ninguna solución? —seguía insistiendo Marcos.

—Es lo que he decidido y no voy a echarme atrás. Han sido demasiadas cosas, una detrás de otra, y bastante he aguantado y soportado. Esto que estoy haciendo ahora, debería de haberlo hecho muchísimo antes, pero supongo que hasta que no he estado preparada, no he podido dar el paso.

—No me lo esperaba, y menos ahora que estamos tan bien. No nos peleamos, no discutimos, estamos de acuerdo casi con todo. De verdad que no lo entiendo, pero en fin… Tendré que respetar tu decisión, aunque por lo menos, ¿podremos ser amigos?

—Gracias por respetarme y, vale, seremos amigos, pero ahora mismo no puedo verte…

—Vale… Quiero que sepas que te quiero, aunque lo nuestro haya terminado, y que me va a costar mucho olvidarte… Adiós…

—Adiós, Marcos.

Ainhoa colgó el teléfono y, en un suspiro, paró de llorar instantáneamente y en su rostro se dibujó una pequeña sonrisa. Se sintió aliviada. Parecía como si se hubiera quitado un gran peso de encima.

«La paz comienza con una sonrisa».
Madre Teresa de Calcuta

Un minuto después, entró su madre en la habitación.

—¿Qué ha pasado? —le preguntó impaciente Anna.

—Se acabó, mamá —dijo Ainhoa suspirando y secándose las lágrimas.

—Ya… Eso dices siempre.

—Esta vez es la definitiva, de veras.

—Sí… Eso también lo dices mucho…

—Vale. No me creas. Ya lo comprobarás tú misma.

—Pues sí, hija, sí. Hasta que no lo vea, no me lo creeré.

★★★

Ainhoa continuó hablando por correo con Marcos durante un mes, después de haber cortado. Se pelearon un par de veces. Marcos le decía que lo había dejado por otro, que le estaba llegando a sus oídos esa información. Ainhoa le dijo que creyera lo que quisiera, que ya no estaban juntos, no tenía que darle explicaciones de nada y que podía hacer lo que le viniera en gana. Pero, aun así, le dijo que eso no era cierto. Ahora era lo normal. Todos querían corromper la poca relación que les quedaba y ponerlos en contra. Los amigos de Marcos, que también eran amigos de Ainhoa, lo veían sufrir y la tenían a ella como la mala de la relación por haber sido la que lo llamó diciéndole que quería dejarlo, y aún más por haberlo hecho por teléfono y no cara a cara. Nadie se puso en la situación de la joven. Ainhoa no pudo decírselo cara a cara porque sabía que no iba a poder dar el paso. No le gustaba ver a nadie sufrir y si lo veía a él sufriendo delante de ella, se sentiría mal y no habría podido tomar la decisión que tanto tiempo llevaba ansiando. Solo su amiga Laura sabía que ella no era la mala y eso a Ainhoa le bastaba, no necesitaba a ningún amigo más en su vida.

Nadie conocía la verdadera historia. El verdadero sufrimiento por el que Ainhoa pasó.

A raíz de esas dos peleas, ella le dio un ultimátum a Marcos. Le advirtió de que si tenían una sola pelea más, sería la última. Y así fue. A los tres días volvieron a pelearse. Ainhoa no lo aguantó más y puso fin a todo ello.

Intentó tener una relación cordial con su expareja, pero él, inconscientemente, no supo mantener a flote esa mínima amistad que él mismo le pidió que tuvieran. Como tampoco supo mantener la relación de pareja que tenían. «Siempre termina estropeándolo todo», pensaba Ainhoa.

La joven no supo nada más de él, como si se hubiera esfumado sin dejar rastro alguno. Ainhoa siguió viviendo su vida, sin acordarse apenas de la relación que la mantenía aislada del resto del mundo. Encarcelada.

Se sentía libre. Sin tener que dar explicaciones de todo lo que hacía y sin miedo alguno de cada paso que daba, de cada palabra que decía, de la ropa que se ponía, de con quien había quedado o dejado de quedar.

Hasta entonces, no se había dado cuenta de que fue una víctima de violencia de género, aunque no lo reconoció hasta pasado mucho tiempo.

Capítulo 11

Ainhoa salía cada vez más con la pandilla de Lía. Era cada vez más feliz. Se alegraba muchísimo de haber tomado la decisión de dejar a su «tumor», como lo llamaba ella. A esto había que añadirle que Anna y Arturo les dieron a ella y sus hermanastros la buena noticia de que en noviembre iban a ir a Disneyland París. Lo de hermanastros no le gustaba a Ainhoa, así que ella prefería tratarlos de hermanos directamente.

Después de dejarle de hablar a Marcos definitivamente, la joven no quedaba solo con la pandilla de Lía, sino también con su nuevo amigo, Pablo, el cual le presentó el novio de Lía.

Rubio, de ojos claros, alto y con quien le encantaba pasar el rato. Cuando estaba con él se le pasaba el tiempo volando.

Estuvo dos meses sin separarse apenas de él y llegaron a liarse, pero a ella no le gustaba demasiado como para tenerlo de novio, y menos porque acababa de salir de una relación muy tóxica y de una duración bastante larga. Pablo sabía por lo que había pasado y, a la vez, él también había tenido una ruptura hacía poco. Ambos lo intentaron, pero aún no habían sanado sus antiguas, pero recientes heridas, y no podían seguir con una nueva relación. Los jóvenes lo hablaron y estuvieron de acuerdo en que no estaban preparados para tener una relación el uno con el otro.

A Ainhoa le daba rabia porque era muy bueno con ella y la trataba muy bien, pero no podía engañarse a ella misma ni engañarlo a él. Pensaba que si la hubiera pillado en otras circunstancias, podrían haber sido muy felices, le aseguraba ella mientras tenían la conversación. Pero no era el momento.

Dejaron esa pequeña relación, pero seguían viéndose como amigos que eran antes de haber sucedido nada.

A día de hoy, Ainhoa tiene que agradecerle muchísimas cosas a Pablo. Entre ellas, haberle terminado de abrir los ojos para que dejara a Marcos. Fue el último empujón que le faltaba para dar el paso. Cuando lo fue conociendo, se dio cuenta de que había gente buena por ahí afuera y que el mundo no terminaba a los pies de ningún capullo como Marcos.

> *«Nuestra mayor gloria no está en no caer nunca, sino en levantarnos cada vez que caemos».*
>
> Confucio

La vida de Ainhoa seguía su curso. Retornó su amistad con Abraham. A pesar de algún tiempo sin verse, cuando se volvieron a ver fue como si no hubiera pasado ni una semana sin tener contacto. Siempre se llevaban bien después de todo, incluso después de su pequeña relación. El chico, como era lógico, había hecho amigos nuevos.

Cuando Abraham fue a presentarle a su nueva pandilla, Ainhoa no se esperaba lo que le iba a suceder o, mejor aún, no tenía ni idea de a quién iba a volver a ver: Abel, un compañero de su clase de la infancia. Se conocían desde los cuatro años, hasta hicieron la primera comunión juntos. No creía lo que estaba viendo.

—No me lo puedo creer… Después de tantos años. ¿Cómo estás? ¿Qué es de tu vida? —sometió Ainhoa a su excompañero a un interrogatorio, y viceversa.

Comenzaron a salir todos juntos y, poco a poco, Ainhoa se fue enamorando de Abel. A él también le empezó a gustar ella. Tonteaban bastante, quedaban a solas. Abel tenía una moto grande y a Ainhoa le encantaba todo lo que llevara motor y ruedas, así que pasaban mucho tiempo juntos. Hasta que empezaron una relación amorosa. Ainhoa le pidió que fueran muy despacio, puesto que su anterior relación no fue muy buena. Abel lo entendía perfectamente. Su relación iba tan despacio que Abel se preguntaba cuándo iban a tener relaciones sexuales, que ya iba siendo hora. Nunca habían tardado tanto en hacerlo con otra persona. Ainhoa decidió que ya iba siendo hora y, una noche, después de casi 3 semanas, en una especie de garaje donde Abel y su familia tenían sus motos y sus trastos, lo hicieron por fin. Abel se quedaba mucho allí a dormir. No se llevaba bien con su madre y su relación con su padre era un poco estirada.

Ainhoa estaba encantada con él, tanto que sin quererlo fue dando de lado a Pablo. A la que nunca dejaba de lado era a Laura. Aunque últimamente pasaba de un grupo a otro de amigos, no dejaba de verla a ella y tener ratitos para estar con ella. Fue a la primera que le contó lo que empezaba a sentir por Abel y todos los demás detalles. Laura se ponía muy contenta cuando veía a Ainhoa ilusionada, pero a la vez le daba miedo, como a su propia amiga. Temía que fuese a cometer otro error como el de Marcos. Pero como se dice: «Quien no arriesga no gana».

Capítulo 12

Cuando llevaban dos meses de relación, Ainhoa se agobió de pronto. El concepto que tenía de novio era un chico pasota, que tenía una vida con ella, pero a la vez otra vida en su ausencia. No estaba acostumbrada a gestos cariñosos, como abrazos, sin que ella los pidiera, o besos robados. Detalles como invitarla a cenar o recogerla en su casa cuando ella se lo pidiera. Para Ainhoa era una vida en pareja totalmente diferente a la que había vivido anteriormente: de no tener nada, estar sola y que la trataran como basura, a poseer todo lo que quisiera y sin ella reclamarlo, era algo inaudito. No podía creérselo. En tan poco tiempo, Abel lo daba todo por ella. Dejaba lo que estuviera haciendo por estar a su lado. Ainhoa no daba crédito a lo que estaba viviendo. Incluso había acabado radicalmente de consumir droga. Ya hacía bastante que dejó la cocaína, pero ahora ya hasta dejó de fumar porros.

Y por todo ello, por tanta atención que no era habitual para ella, habló con Abel y le dijo que estaba agobiada, que necesitaba un tiempo para pensar bien lo que quería.

Al chico le dolió mucho que lo dejara. Llevaban poco menos de dos meses, pero para Abel fue mucho más. Habían vivido ese tiempo muy intensamente y parecía que habían estado mucho más juntos. Lo pasó muy mal, pero en poco tiempo ambos retomaron sus vidas. Ainhoa se encaprichó de un muchacho que conoció y con el que empezó un rollo. También se enteró, por fuentes cercanas a ambos, de que Abel estaba saliendo con otra chica, la cual conocía ella, es más, la odiaba. Pero la joven había estado cultivando una gran habilidad: había aprendido a pasar de todo. Había veces que le costaba un poco más que otras, como en su relación anterior a la de Abel, pero esa relación fue un punto y aparte en su vida de la que, por cierto, le hubiera encantado olvidarse, pero no era fácil.

★★★

Entre tanto lío amoroso, llegó el mes de noviembre y el tan esperando viaje en familia. Cinco días y cuatro noches. Fue el mejor viaje de sus vidas. Un viaje lleno de risas. ¡Risas por doquier! Un viaje lleno de frases nuevas para seguir riéndose y seguir recordando hasta la actualidad. Se montaron en todas las atracciones que se podía, disfrutaron de la gastronomía francesa y de muchas otras (y bien que las disfrutaron). También pudieron visitar uno de los días la ciudad de París. Fue un recorrido en autobús y un paseo en barco por el río Sena, con paradas en el Museo del Louvre y en la Torre Eiffel.

Ese día en especial tuvieron varias vivencias diferentes, entre ellas una que jamás en sus vidas olvidará, y que tuvo lugar en el museo del Louvre. Su abuela, que fue con ellos al viaje, iba en una silla de ruedas. Podía andar, pero le costaba mucho, así que decidieron llevarla todo el viaje en la silla. El ascensor del museo estaba estropeado, así que tuvieron la genial idea de subirla por la escalera mecánica. Arturo, como tan chistoso que era, se ponía a gritar: ¡¡María, que ya estamos en el Hipercor!! Una vez llegaron al final de la escalera, se les quedó pillada la silla de ruedas en la propia escalera, intentaban sacarla de allí, pero no eran capaces. Cada vez estaban más agobiados al ver que no lo conseguían.

Todavía no saben cómo, pero Ainhoa, Ágata y Nuria, corrieron por al lado de todos ellos y pudieron escapar de esa situación. De repente, apareció de la nada el conductor del autobús, cogió a la abuela en peso y la quitó del medio, y casi se caía de boca al suelo. Y, a continuación, cogió también la silla y la apartó del sitio. Le dieron las gracias a aquel hombre que fue su salvador. Se calmaron y se fueron a comer en el mismo museo. Una vez se sentaron y empezaron a degustar la comida, se le calmaron los nervios por lo sucedido y empezaron todos a reír a carcajadas.

El siguiente suceso ocurrió una vez llegaron a la Torre Eiffel, cuando terminaron el paseo por el río Sena. Ellos tenían contratado subir a la Torre, pero solo a la primera planta. Anna, Arturo y la abuela tenían que ir por un ascensor especial para personas con minusvalía, pero los cuatro hermanos debían subir por el ascensor que había para el resto de personas. Y así lo hicieron, pero no se percataron de que habían llegado a la primera planta y siguieron en el ascensor hasta llegar a la segunda, en la cual se bajaron. Para su sorpresa, allí no había ni rastro de sus progenitores ni de la abuela, la cual sería fácil de identificar gracias a la silla de ruedas. Dieron vueltas por allí y nada, no hubo éxito en la búsqueda. Tampoco había mucho donde buscar, no era muy grande aquel espacio. Ainhoa le dio su cámara de fotos a Carlos para que él hiciera fotos. Ella tenía vértigo, no podía con las alturas, era superior a ella, aunque pensaba que en algún momento tenía que afrontarlo. Pero ese día no era el indicado.

Después de tomar fotos, se volvieron a montar en el ascensor, que les llevó abajo. Miraron a un lado, luego al otro. Y nada, no veían ninguna cara conocida. Hasta que el móvil de Ágata sonó. Era Anna preguntando dónde demonios se habían metido. Les dijo dónde estaban y en dos minutos aparecieron. Todos se llevaron un buen susto con el malentendido. Volvieron al autobús, después de todo lo sucedido, que les llevó de nuevo al hotel del parque de atracciones.

Y seguían los días, y seguían divirtiéndose, riendo, comiendo… Se lo pasaron como niños pequeños en esa semana completa. Fue una experiencia inolvidable y, gracias a la cual, se afianzaron las relaciones entre los cuatro hermanos.

> *«Muchos son los beneficios de viajar:*
> *la frescura que reporta al espíritu,*
> *el ver y oír cosas maravillosas,*
> *la delicia de contemplar nuevas ciudades,*
> *el encuentro con nuevos amigos*
> *y el aprender finas maneras».*
>
> Muslih ud din Saadi

★★★

Una vez de vuelta a la realidad y pasado un par de meses después de la ruptura entre Ainhoa y Abel, volvieron rumores a oídos de Ainhoa. Esta vez era todo lo contrario a los anteriores: Abel y su nueva chica ya no estaban juntos. La primera reacción de Ainhoa fue sonreír, le echaba de menos y se arrepentía de haberlo dejado. Así que, después de terminar el lío que tuvo con el muchacho que había conocido, el cual duró poco más de tres semanas, volvió a contactar con Abel para hablar. Abel era muy bueno, sabía escuchar y fue a casa de Ainhoa a hablar con ella.

Ainhoa escuchó el sonido de su moto y se asomó a la ventana de su casa.

—Voy para abajo —le dijo a Abel con una media sonrisa en la cara.

Cuando bajó, se encontró con un Abel que parecía algo cambiado a simple vista, con una mirada un poco distante, pero a la vez con esa dulzura de la que se enamoró cuando se volvieron a reencontrar.

Ainhoa lo miró con rostro de arrepentimiento. Apenas podía mirarlo a la cara.

—¿Cómo estás? —le preguntó Abel.

—Pues todo lo bien que se podría estar después de llegar de un viaje alucinante y sin luego tener a nadie con quien compartir la experiencia vivida. ¿Y tú? ¿Cómo estás?

—Bastante bien, la verdad. Ya no estoy con Noelia, no sé si te habías enterado de algo, pero no me ha afectado en absoluto.

—¿Y eso? ¿No estabais bien? Si puedo preguntar —dijo Ainhoa excusándose.

—No te preocupes. No es ningún secreto y menos para ti —le especificó con media sonrisilla en los labios—. Simplemente la veía muy niña chica, no era muy madura. Yo no digo que yo sea el más maduro del mundo, pero tampoco tengo la mentalidad que tiene ella. Necesito a alguien más como yo.

—Y el caso es que la habías encontrado, y yo también —le dijo Ainhoa sin ningún tipo de tapujos.

—Pues sí, pero tú decidiste dejarme porque sí.

—Lo sé. Y no sabes lo que me arrepiento —dijo ella lanzándole una breve mirada y seguidamente volviendo a bajarla hacia el suelo.

—¿Y por qué lo hiciste entonces?

—No lo sé, Abel. Estaba muy agobiada. Sentía que no podía respirar. Necesitaba mi espacio.

—Si te sentías así, podías habérmelo dicho, ¿no crees?

—Hubiera sido lo normal, pero yo no soy muy normal que digamos y me cuesta muchísimo hablar —dijo con un suspiro al finalizar la frase.

—Bueno, espero que la próxima vez me hables y me digas qué sientes y qué se te pasa por esa cabecita loca —apuntó el chico, y continuó—. Y, ¿para qué querías verme?

—¿No te puedes imaginar algo? —le preguntó mientras se rizaba un mechón de pelo con un dedo.

—Algo puedo imaginarme, pero prefiero que seas tú la que me lo digas.

—Te lo acabo de decir. Sabes que me cuesta hablar.

—Ya, por eso mismo lo hago. A ver si así vas a aprendiendo que hay que hablar las cosas, no callárselas —expuso a modo de reprimenda.

—Vale… —cogió aire, lo echó por la boca y comenzó a declarar—. Te echo de menos, Abel. Dudo que quieras volver conmigo, no tengo ningún derecho a pedírtelo después de lo mal que te lo hice pasar, pero quería que lo supieras y que si en algún momento me echas de menos, me lo digas. No tendré ningún problema en volver contigo —confesó Ainhoa.

—No sé por qué, pero algo me olía. Y Abraham me lo dijo, que pasaría esto. Y que, si pasaba, que no dudara en decirte que no, que no volviera contigo.

—Vaya con Abraham, sí que me conoce bien —murmuró la joven.

—Mira, lo he pasado bastante mal. Tú me hiciste una putada. Intenté rehacer mi vida, pasar página, pero no lo conseguí. Y ahora me vienes con esto —resopló antes de continuar hablando—. No te puedo mentir, ni mentirme a mí mismo. Te he echado de menos y me gustaría mucho volver contigo, pero no me pidas que todo vuelva a ser como antes, porque no me va a salir volver a ser como era contigo. Me hiciste mucho daño y eso no lo puedes cambiar, ni tú ni nadie. Así que, por mi parte, sí, volveríamos a estar juntos.

—Vaya. Me has dejado muy claro todo lo que piensas y sientes. Me parece bien. Lo respeto y acepto. Y entonces… ¿volvemos a estar juntos? —le preguntó Ainhoa dibujándose una pequeña sonrisa en su boca.

—Ya te he dicho que por mí, sí. Pero una cosa.

—Dime —respondió algo intrigada.

—Por ahora, Abraham no puede enterarse de que hemos vuelto.

—¿En serio? —preguntó algo anonadada—. Ni que fuera tu novio.

—Ya. Sé que no tengo que dar explicaciones a nadie, pero es el que me ha apoyado en todo momento después de que me dejaras. Si ahora le digo que hemos vuelto, creo que dejaría de hablarme.

—Mirándolo por ese lado, tienes razón… Vale. No diré nada.

—¿Me lo prometes?

—Te lo prometo —respondió felizmente.

«La vida es demasiado corta
como para no perdonar».
Tom Hanks

Todos sus amigos, los de ambos, empezaron a enterarse de la reconciliación pasada una semana. Tampoco es que ocultaran mucho el hecho de haber vuelto. No podían evitarlo y darse mimos, besos y arrumacos delante de todos.

★★★

Les iba bastante bien la relación. Tras unos meses yendo a casa del padre de Abel todos los fines de semana, el chico se peleó con su padre. Este le reprochaba a su hijo que no trabajaba y venía con su novia a dormir y comer todos los fines de semana, y eso no podía seguir siendo así. Así que Abel lo mandó un poco lejos, por no decir que lo mandó a la mierda.

Se pasó unos días que no tenía donde vivir ni dormir. Ainhoa le aconsejó que se reconciliara con su madre. Ya no solo por el hecho de que no tenía donde vivir, sino porque era su madre y seguro que le echaría de menos.

Abel le hizo caso a su novia, no sin antes discutir bastante la idea. No le parecía lo mejor, pero era lo único que le quedaba y, para ser sincero, la echaba también de menos.

Después de una larga charla y tras unos días viéndose, terminaron de reconciliarse y Abel pudo irse a vivir a casa de su madre con ella y su hermano pequeño, el cual era al que más echaba de menos, aunque lo veía de vez en cuando, pero ellos se habían separado junto con la separación de sus padres. Abel decidió quedarse con su padre y su hermano, con su madre.

★★★

Al cabo de unas semanas, la reconciliación iba viento en popa. Ainhoa se empezó a llevar bastante bien con la madre de

Abel e iba a su casa muchas veces a comer, a dormir los fines de semana, etc. Pasaban la mayoría de los días allí, sobre todo en invierno cuando hacía más frío y llovía.

Era una mujer joven, al igual Anna, aunque ya la conocía de antes, desde que tenía cuatro años. Era la que llevaba al colegio a Abel y lo recogía. Y, a decir verdad, Ainhoa no tragaba a Abel cuando pequeña, no le caía muy bien que digamos. Y, a pesar de lo que había vivido anteriormente, tanto con su ex como con su propio padre, seguía manteniendo la idea de que algunas personas podían a llegar cambiar, levemente, pero podría haber una posibilidad. Y por lo que estaba viviendo en ese momento, Abel era uno de ellos, o es que ella estaba enamorada de él y lo tenía en un pedestal.

Capítulo 13

Pasaron los meses, el verano, todo avanzaba favorablemente. Una relación con la que siempre había soñado. Su novio, su amigo, su confidente. Siempre estaba ahí para y con ella, y ella siempre estaba ahí para él. Eran como si fueran una persona sola. Lo único malo que veía en él es que quedaba con sus amigas y eso a ella no le gustaba. Igual si no hubiera vivido lo que vivió con el capullo de su ex, no le hubiera importado tanto, pero después de tantos cuernos como le puso Marcos, no se podía fiar ni de su sombra. No obstante, lo intentaba llevar lo mejor que podía. No quería perderlo por los celos, lo quería demasiado.

Llegó el otoño y ambos se apuntaron a un curso de mecánica. A los dos les encantaba todo el mundo del motor y tomaron esa decisión. El curso comenzó en noviembre y empezaron con muchas ganas.

Una de las prácticas del curso era en un taller que tenían allí en el instituto. Todos los alumnos tenían que ponerse por parejas y, como era evidente, ellos se pusieron juntos. Aparte de aprender, se lo pasaban muy bien con todos los compañeros.

Al poco de empezar, vinieron las vacaciones de Navidad. El curso empezó un poco más tarde de lo normal. Su hermana Ágata venía a pasar la Navidad con ellos. Ainhoa estaba encantada de que viniera, ya estaba planeando pasar la nochebuena en una discoteca.

Abel no era mucho de discotecas, así que le dijo que se fueran ellas, él no quería ir. Y así hicieron.

Después de esa noche se pasó unos días sin verlo. Estaba un poco enfadada y él también por no haber pasado mucho tiempo juntos en las Navidades, pero pasaron los malos rollos a los dos o tres días.

Tras acabar la Navidad, siguieron con su curso de mecánica, pero al poco tiempo de volver, Abel decidió no volver a ir más. Su madre iba a abrir un local de restauración y él iba a trabajar con ella.

A Ainhoa le sentó muy mal esa decisión. Ya no iban a poder pasar tanto tiempo juntos como hasta ahora y la dejaba tirada en las clases prácticas del taller. Pero tuvo que vivir con ello, no tuvo más remedio.

Tenía dos profesores: uno le daba toda la parte mecánica del motor, Antonio; y el otro la parte de transmisión. También se llamaba Antonio, pero como no le caía en gracia, ella lo llamaba el Gordo, y en poco tiempo vería que el sentimiento era mutuo.

Uno de los días en el taller, tenían un ejercicio en el que debían desmontar un motor entero y luego volver a montarlo. Ese ejercicio lo empezó con Abel, pero como se fue, tuvo que continuarlo ella sola. Tuvo que hacer la mayor parte del trabajo ella sola, pero no le importaba. Antonio le preguntó que si quería que le pusiera un nuevo compañero, pero ella le dijo que no, que podía hacerlo sola. Y efectivamente así lo hizo. Mientras lo hacía se le acercó el profesor un momento.

—¿Por qué no te metes en el grado medio de mecánica? —le preguntó Antonio mientras observaba lo que hacía.

—Fácil. No tengo terminada la secundaria —respondió ella con cierto tono de arrepentimiento.

—Pues es una lástima. Se te da muy bien esto.

—Vaya. Muchas gracias, don Antonio —le contestó ella con una sonrisa de oreja a oreja.

Se sentía muy bien después de que le comentara eso su profesor. En un mundo tan de hombres, veía un poco de claridad. Pero no los dos profesores eran así de honestos y sabían valorar un buen trabajo, ya vinera de un hombre o de una mujer.

A los pocos días, en una clase práctica con el Gordo, le tocó quitar el cable del embrague de un Renault Twingo. Ella, muy decidida, empezó a meterle mano al coche, pero por mucho que se esforzara, no conseguía sacarlo de su puñetero sitio. Cada vez estaba más frustrada, hasta que se hartó y fue a ver al profesor a su oficina.

—Antonio, no puedo quitar el cable… ¿Alguien podría ayudarme? Aunque sea solo tirar de él, que no tengo suficiente fuerza —le preguntó aun sin querer hacerlo.

Lo que menos quería era ayuda de nadie, pero como persona sabía pedirla cuando la necesitaba de verdad.

—¡Vaya! Es normal. Es que las mujeres no deberían de estar aquí. Esto es para hombres —respondió su profesor.

—Vale —le dijo Ainhoa seca y cortante, dando media vuelta y largándose de allí.

Justo en ese momento empezaba la media hora de descanso. Ainhoa se solía quedar con sus compañeros fuera del instituto a merendar con ellos y fumarse algún porrito, pero ese día no lo hizo. Se montó en su moto y se fue directa a su casa.

Cuando Anna la vio llegar envuelta en un mar de lágrimas, le preguntó enseguida:

—¿Qué te pasa? ¿Estás bien? ¿Qué te ha pasado? —no le dejaba apenas responder.

—Que ya no voy a ir más al curso —respondía Ainhoa sin poder dejar de llorar.

—Pero, ¡¿qué dices?! ¿Por qué dices eso?

Ainhoa le contó lo que le había pasado, y lo que le había dicho su profesor.

—Sí que es verdad que te has metido en un mundo en el que la gran mayoría son hombres, pero eso puede cambiar Ainhoa, y seguramente que cambie. Antes era impensable ver a una mujer con una herramienta en la mano, fuera cual fuese esa herramienta. Y ahora mírate. Y no eres la única. Ya sabes de más de una que le gusta también la mecánica —intentó consolarla Anna con algunas sabías palabras.

—Si tienes razón, pero cuesta adaptarse a esto.

—Claro que cuesta, hija, pero al igual que cuesta esto, otra cosa también va a costar. Algunas necesitan un poco más de esfuerzo; otras, un poco menos, y parecen que van rodadas, pero todo tiene su dificultad. Y como todo tiene su dificultad, también tiene su recompensa. Y, ¿sabes qué? Cuanto más cueste, mayor será esa recompensa y la satisfacción de haberlo hecho.

—Espero que la recompensa sea buena, porque me está costando la vida.

—¿Eso quiere decir que no vas a dejar el curso? —preguntó su madre con esperanza y con media sonrisa en la cara.

—No mamá. No lo voy a dejar. Seguiré, aunque me cuesta mucho. No quiero rendirme así como así sin intentarlo.

—Muy bien que haces. Me alegra que hayas tomado esa decisión.

—Pues la he tomado gracias a ti. Gracias, mamá.

—No tienes que dármelas. Para eso estamos las mamás.

Ainhoa cogió su mochila y salió de su casa. Se montó en su moto, la arrancó y se dirigió al instituto.

Cuando estaba llegando a la puerta del taller, respiró hondo y se fue decidida a quitar ese maldito cable que la estaba fastidiando.

Dejó su mochila en la taquilla y fue directa al coche, pasó por delante de la oficina del profesor y ni si quiera miró para dentro.

Nada más meterse en el coche, como por arte de magia, solo tuvo que dar un par de meneos al cable y salió. Ainhoa no podía creérselo. Lo cogió asombrada, orgullosa y se fue a la oficina de Antonio. Cuando llegó a la puerta, lo miró con cara de satisfecha y a la vez de enfadada.

—Ya lo he conseguido quitar —le dijo orgullosa de sí misma.

—Muy bien. Enhorabuena. ¿Ves? Al final lo has conseguido con un poco de empeño.

—Sí. Y ahora, ¿qué hago con esto?

—Lo vuelves a poner.

—Ahora mismo —dijo dando media vuelta y largándose de aquella horrible oficina a la que odiaba cuando estaba él allí.

Ainhoa se dispuso a volver a colocar el cable, no sin antes refunfuñar y maldiciendo un poco a su profesor.

No tardó mucho en terminar la tarea, mucho menos de lo que tardó en quitarlo. Le resultó bastante sencillo.

Un rato antes de que acabara la clase, se solían reunir un rato, sentándose todos encima de algún capó, otros en el suelo, comentando lo que habían hecho en el día, preguntándole cosas al profesor, hablando de las marcas y modelos de coches que más les gustaban, lo que había ahora en el mercado, etc. Ainhoa solía ser muy dicharachera, hablaba por los codos y siempre estaba muy cómoda con sus compañeros, pero ese día estaba enfadada y algo triste. Antonio se lo notó.

—Ainhoa, perdona si he dicho antes algo que te haya podido molestar —se disculpaba su profesor.

—Pues sí que me ha molestado lo que me dijo, pero supongo que todo es acostumbrarse a este tipo de comentarios, más o menos era lo que me esperaba al entrar en este mundillo, no esperaba mucho menos.

—Si te soy sincero, lo que te dije era para motivarte. Estabas atascada con el cable y no lo conseguías sacar, solo pretendía darte un empujoncito, porque sé que vales para esto. Lo siento, de verdad. No quería que mis palabras te hirieran.

—No pasa nada. Todo queda olvidado. La verdad es que necesitaba ese empujón y me ha venido bien. Gracias, don Antonio.

Antonio sonrió. Todos quedaron callados durante esta pequeña conversación, atentos. Cuando Ainhoa dio las gracias, siguieron enseguida con sus conversaciones habituales y la chica empezó a mostrar su buen carácter y su gracia.

> *«La satisfacción radica en el esfuerzo,*
> *no en el logro. El esfuerzo total es*
> *una victoria completa».*
> Mahatma Gandhi

Capítulo 14

Una vez llegó julio, Ainhoa terminó el curso y empezaba las prácticas en un concesionario de coches.

Estaba muy emocionada y contenta por ello. Por fin hacía lo que quería, pero todo no iba a ser color de rosa. Sus compañeros la trataban bien, trabaja a gusto, y ella quería quedarse contratada una vez terminara las prácticas. Uno de sus compañeros le comentó que si se sacaba el carnet de conducir, podría tener más posibilidades de quedarse trabajando allí.

Ainhoa se lo comentó a Anna y su madre le dijo que sí, que se apuntara a la autoescuela. Todo fuera por el futuro de su hija.

Comenzó a estudiar para el examen teórico, el cual aprobó a la primera. Luego continuó con las prácticas con el coche. El profesor le decía que conducía muy bien, que cuando estuviera preparada se podía presentar al examen práctico. Y así hizo, pero con la mala suerte de que le tocó una examinadora un poco puñetera. Era conocida como «la Schumacher», como el piloto de Fórmula 1. Siempre quería que todos fueran a la máxima velocidad que les estuviera permitida. Ainhoa iba un poco asustada y suspendió. Tuvo que volver a repetir el examen práctico, que a la siguiente vez ya aprobó.

Ya con su nuevo carnet, habló con el jefe del concesionario por si podían dejarla contratada cuando terminara los tres meses de prácticas. Él le comentó que ahora estaba la cosa muy fea y que no podía contratarla.

—Es una pena, porque lo que me dicen de ti los compañeros es todo bueno y, aparte, me gustaría añadir a una mujer mecánica en la plantilla, que aún no tenemos ninguna —le comentó el señor.

Ainhoa quedó muy decepcionada, porque después de todo el esfuerzo y del dinero que se había gastado su madre en el carnet de conducir, no podía hacer realidad su sueño.

> *«La esperanza es el sueño del hombre despierto».*
> Aristóteles

Sin embargo, Abel sí encontró trabajo de soldador.

Gracias a este trabajo, su novio pudo comprarse el coche que tanto deseaba. Pero tuvieron que ir hasta otra ciudad a por él, la cual estaba a unas seis horas de donde vivían. Así que con mochila en mano, se montaron en el coche de su madre, que los iba a llevar, y se fueron un fin de semana para recogerlo.

Pero ese trabajo solo le duró tres meses a su novio. Tenía que buscarse otro curro para poder mantener el nuevo coche que se había comprado.

Al poco tiempo, el chico habló con su madre para que lo metiese en el restaurante que abrió. Como era de esperar, comenzó al día siguiente.

Al principio estaban muy contentos. Abel trabajando y Ainhoa se quedaba con su coche e iba a recogerlo por las noches cuando salía de trabajar. Pero tampoco les duró mucho dicha felicidad.

Ainhoa tenía un sexto sentido para las infidelidades. Suponía que era por la anterior relación. Había una compañera que trabajaba con Abel que le escamaba. Era muy simpática, bastante guapa, llamativa, y su novio se llevaba muy bien con ella. No le parecía muy raro porque él era así con sus amigas, pero a ella la acababa de conocer y era lo que no le gustaba demasiado.

Aguantó pocos días, hasta que no pudo más y llamó a su novio por teléfono para comentarle que no estaba bien con él y con la situación, que no le gustaba que se llevara tan bien con tías que acababa de conocer, aparte de que últimamente no se veían apenas, solo por las noches cuando él salía de trabajar. Y él no parecía darle mucha importancia a todo esto. Así que le dijo que mejor sería dejarlo, porque él tampoco estaba a gusto.

Y así fue, quedaron los dos de acuerdo y lo dejaron.

Ainhoa intentó seguir con su vida, como si no le importase lo que hiciera o dejara de hacer Abel con la suya. Pero no podía, no paraba de pensar en él. No se lo podía quitar de la cabeza, por mucho que saliera de fiesta con su amiga Laura, a la que, por cierto, había dado de lado un poco desde que empezó su relación con Abel.

Pasado un mes después de la ruptura, Ainhoa le habló a Abel por lo que entonces era lo más en redes sociales, el Messenger, que, junto con el Tuenti, era lo que utilizaban los jóvenes en esa época. Ya existía el Facebook, pero entonces no se utilizaba mucho.

—Hola. ¿Cómo estás? —le preguntó ella.

—Bien, no me quejo. ¿Y tú? ¿Qué tal?

—Bien también. Saliendo mucho con Laura. Y sigo sin trabajo ahora mismo, pero estoy pensando en presentarme el próximo curso a la ESA (Educación Secundaria de Adultos) —le comentó ella, sin querer decirle aún que no podía estar más sin él.

—Pues está bien pensado. Yo sigo trabajando en lo de mi madre.

—Ya, imagino. También me enteré que estabas con tu compañera liado, ¿no?

—Sí que vuelan rápido las noticias. ¿Quién te lo ha dicho?

—Es confidencial. Prometí que no diría nada.

—Vamos, que fue Abraham quien te lo dijo.

—Ni confirmo, ni desmiento —contestó Ainhoa un poco seca.

—Pues dile a tu confidente que se entere bien de las cosas, o por lo menos de toda la noticia completa.

—¿Qué pasa? ¿No es cierto?

—Sí, es cierto. Estuve con ella unos días, pero ya luego la dejé.

—¡Ah! ¿Sí? Lo siento… —le dijo ella, alegrándose en realidad de que ya no estuvieran juntos.

—No te preocupes. Al principio estuvo bien, pero luego no era lo que yo pensaba.

—¿Y eso? ¿Por qué? Si se puede preguntar, claro.

—Sí, claro. Pues porque no era como tú.

Ainhoa se quedó sin palabras por unos segundos. No se creía que le fuese a decir eso.

—¿Me echas de menos? —Le preguntó sin más rodeos.

—La verdad es que te echo de menos en la cama. —respondió Abel sin tapujos.

—¿En serio? —preguntó con un poco de asombro y a la vez contenta.

—En serio. ¿Y tú a mí?

—Pues sí. También te echo de menos.

Y después de esa conversación, quedaron esa misma noche. Se reconciliaron y volvieron a estar juntos. No obstante, esta reconciliación tenía sus días contados.

Abel seguía trabajando y solo se veían por las noches, y no todas. Algunos días ni si quiera se veían. Se pasaba todo el día en el garaje del padre arreglando coches, motos, o simplemente poniéndole o quitándole algo a su propio coche.

Ainhoa aguantó la situación unos tres meses más, hasta el día que explotó. Fue una de las noches que fue a recogerla cuando salió del trabajo.

—¿A dónde vamos? ¿Otra vez al garaje? —preguntó Ainhoa con cara de asco.

—Claro, ¿dónde quieres que vayamos si no?

—No sé, hacer otra cosa diferente al resto de días.

—Pero ¿a ti no era la que gustaban los coches y las motos? Pues no parece que te guste tanto —le dijo Abel, haciéndola sentir un poco mal.

—Claro que me gustan, pero es que esto ya es pasarse. Estás obsesionado, todo el día con lo mismo. No hay vida fuera de este tema para ti.

—Es que si es lo que me gusta, ¿por qué voy a tener que hacer otra cosa diferente? No tengo por qué.

—Pues no sé, ¡¿podrías hacerlo por mí, quizás?! —exclamó Ainhoa ya un poco cabreada.

—Yo no te obligo a venirte conmigo, eres libre de hacer lo que quieras y lo que te dé la gana. No tienes por qué venirte siempre conmigo.

—Encima de que nos vemos poco, ¡¿menos quieres que nos veamos?! — bramó Ainhoa alterándose cada vez más.

Y continuó antes de que Abel dijera nada o pudiera contestarle algo más.

—¿Sabes qué te digo? Para aquí el coche, me voy. ¡No aguanto más! ¡Se acabó! —exclamó Ainhoa muy nerviosa.

Abel echó el coche a un lado, aparcando donde pudo, en una parada de taxis cerca de su casa.

—Muy bien, bájate, que estás loca —le dijo tan tranquilo.

—¡Loca estará tu puta madre! —le gritó Ainhoa, que no le gustaba que la tratasen como si estuviera loca después de la relación con Marcos.

Abrió la puerta del coche y, cuando se disponía a bajarse, le dijo Abel:

—Ni se te ocurra pegar un portazo.

Ainhoa, cuando se bajó, lo miró desafiante e hizo caso omiso a lo que le dijo él. Como era de esperar, cerró la puerta con todas sus ganas y la furia que llevaba en ese mismo instante por dentro.

Dio unos tres o cuatro pasos, volvió la cabeza para mirarlo y se quedó un poco asustada por el rostro que vio. La cara de Abel era de pocos amigos en esos momentos. Estaba muy enfadado, tanto que salió del aparcamiento quemando ruedas. Ainhoa giró la cabeza y continuó andando por el camino mientras lloraba hasta llegar a su casa.

«Tienes que aprender a dejar la mesa
cuando el amor ya no se sirve».

Nina Simone

Capítulo 15

Ainhoa estuvo muchos días muy mal. No paraba de llorar, no quería salir de su casa para nada, hablaba con su amigo y amor platónico Bryan, que intentaba consolarla, pero no había manera.

Intentó hablar con Abel un par de veces por el Messenger, pero él le decía que no quería saber nada de ella, que le había hecho mucho daño.

Como Anna y Arturo no la veían bien anímicamente, intentaron hacer algo. Arturo le dejó un libro para que se lo leyera. Ese libro era El Secreto de Rhonda Byrne. Se lo leyó enterito y le gustó mucho. Parecía que se sentía mejor consigo misma, un poco más positiva. Pero aún le faltaba algo.

Arturo se daba cuenta de por todo lo que estaba pasando «su hija», que para él ya lo era. Y para ella, él era «su padre», aunque no lo llamara papá y lo llamara por su nombre.

—¿Te ha gustado el libro? —le preguntó Arturo.

—Sí que me ha gustado. Me ha hecho pensar mucho.

—Pues ahora toma este —le dijo entregándole otro libro más.

Ese libro se titulaba Cuentos para pensar, del famoso y grandioso médico, psicoterapeuta gestáltico y escritor argentino Jorge Bucay.

Junto con el primer libro que le dejó Arturo, fue lo que le faltaba para venirse arriba, empezar a tener más positividad y seguir adelante con su vida.

Se detuvo por un momento, pensó y reflexionó. A continuación, se dijo a sí misma: «He pasado por la separación de mis padres; mi padre se fue de casa el mismísimo día en que cumplía quince años; he pasado por una relación tormentosa, de violencia psicológica y física, dejándome la autoestima y la capacidad de confiar en mí misma por los suelos; he pasado por un tiempo de estar enganchada a la droga y de delgadez extrema; he pasado por malas relaciones con amistades; por hacerme ilusiones con uno de los trabajos de mis sueños, que nunca llegó; y por una relación que yo misma estropeé por culpa de la anterior y que ya después no tuvo solución porque, por último, el problema no fue solo mío. ¿Y me voy a venir ahora abajo? ¿Ahora que he acabado con toda relación mala, tanto amorosa como de amistad? Lo siento, pero no. Ahora no lo voy a consentir. Ahora es mi momento y voy a hacer con mi vida lo que me dé la gana, lo que me apetezca y todo lo que pueda».

Y así fue como a Ainhoa se le cayó la venda de los ojos y pudo ver más allá de donde veía hasta ese momento, hasta el momento en que su padre de verdad, aunque no fuera su sangre, le mostró un camino, el camino que debía tomar. Y gracias, por supuesto, a su madre, que estuvo a su lado en todo momento, apoyándola, machacándola, llorando con ella e intentando ella misma abrirle los ojos. Pero qué gran verdad es, que hasta que uno mismo no está preparado, no abre los ojos y no se da cuenta del error que está cometiendo ni de lo que se está perdiendo.

> *«Las cosas malas en la vida abren los ojos*
> *a las cosas buenas a las que no les*
> *estabas prestando atención».*
>
> Autor desconocido

Así pues, Ainhoa continuó leyendo un libro tras otro, se inscribió y matriculó para sacarse la Secundaria de Adultos y continuó descubriéndose a sí misma, y todo lo que le quedaba aún por descubrirse, aprendiendo de los errores que cometió en su pasado no muy lejano y rectificando todo lo que podía de su vida.

Como decía su padre Arturo: «Yo no me arrepiento de mis errores, aprendo de ellos».

Comentario de la autora

Para quienes queráis saber algo más sobre cómo ha seguido tratando la vida a Ainhoa:

Ainhoa se consiguió sacar la secundaria con casi matrícula de honor. Una vez terminó ese curso, se presentó a la Marina, las Fuerzas Armadas Españolas, consiguió entrar y estuvo un total de siete años. En esos siete años, recorrió muchos países como Cuba, Nueva York, Miami, Puerto Rico, Panamá, Holanda, Saint-Malo, entre otros. Vivió muchísimas aventuras, buenas y malas. Conoció al que actualmente es su marido. Llevan juntos nueve años, y de casados llevan siete. Tienen dos preciosos hijos: un niño de ocho años y una niña de cuatro años y medio.

Esta historia os la quise contar, sobre todo y principalmente por lo que le ocurrió o, mejor dicho, lo que me ocurrió en aquella relación.

Como podéis comprobar, todo tiene solución, excepto la muerte.

Si yo pude salir de esa toxicidad, tanto de relaciones amorosas, como de amistades y de drogas, todo el mundo puede salir.

Atte.:
M. J. Reina

Agradecimientos

Quiero agradecer a mi padre (el biológico no, el que lo ha sido verdaderamente en los momentos más importantes de mi vida) el haberme enseñado tanto y haberme dado esos libros en el momento exacto en el que los necesitaba.

A Jorge Bucay, mi escritor favorito, porque gracias a dos de sus libros, *Cuentos para pensar* y *Déjame que te cuente*, me levanté de la cama, literalmente, y comencé a vivir mi vida.

A mi marido por la infinita paciencia que ha tenido conmigo y con la de veces que me ponía a escribir.

A mi hermano por haberme ayudado con muchas cosas y corregido otras.

A mi hermana, a la que no he parado de pedirle opinión sobre ciertos temas de este libro y sin dudarlo me la ha ofrecido.

A mi editorial por haberme brindado la oportunidad de publicarlo y haber confiado en mí.

Por último, y no menos importante, a mi madre por apoyarme en todo momento y reñirme en muchos otros.

Sobre la autora

Mi seudónimo es M. J. Reina. Mi nombre, por cuestión de privacidad, prefiero mantenerlo al margen. Soy andaluza y nací en 1988. Mi madre me tuvo con diecinueve años. No estaba casada con mi padre. Se casaron cuando yo tenía siete años, y cuando cumplí los quince se divorciaron. A los diecisiete años pasé por una relación tormentosa, la cual duró tres años, donde hubo maltrato físico y psicológico. Pero gracias a mi madre y al hombre que conoció y nos cambió la vida a ambas pude salir de aquel pozo, que creí que no tenía salida. Estoy casada desde hace ocho años y tengo dos hijos, de los cuales estoy completamente enamorada. Estuve siete años en el ejército, concretamente en la Marina. Aquí fue donde conocí a mi marido. Viajé mucho durante esos años y conocí lugares preciosos y nuevos para mí. He viajado sola y también he tenido la suerte de haberlo hecho en el mismo barco con mi pareja. Actualmente trabajo en el sector de la hostelería y me encanta escribir, pintar, la música, ver series y pelis, y amo a los animales.

www.ingramcontent.com/pod-product-compliance
Lightning Source LLC
LaVergne TN
LVHW091505170726
843492LV00001B/361